KB146838

한국어 특강 4

한국어 음운 정보

현상과 규칙

한국어 특강 4

한국어
음운 정보
현상과 규칙

신현숙

푸른사상
PRUNSASANG

한국어 특강 *4*

한국어
음운 정보

현상과 규칙

『한국어 음운 정보 - 현상과 규칙』을 펴내면서

한국어 음운 현상과 규칙에 초점을 맞추어 『한국어 특강 4 : 한국어 음운 정보 - 현상과 규칙』을 준비하였다. 그동안 강의실에서 학부 학생들 또는 대학원생들과 머리를 맞대고 토론하고 논의하던 한국어 음운 정보를 이 책에 담으려고 한다. 한국어에 관심이 있는 많은 분들과 공유할 수 있다는 점은 기쁘지만, 자연언어를 제한된 규칙으로 설명하는 것이 쉽지 않다는 점에서 아쉬움도 남는다.

국어 음운론 강좌에서 활용하고 있는 교재는 매우 다양하다. 이론과 분석 틀에 따라서, 교재마다 다른 접근 방법이나 설명 방법을 택하고 있고, 사용하는 용어, 개념, 자료, 분석 결과에도 큰 차이가 있다. 그 결과 한국어 연구 현장이나 교육 현장에서는 한국어 음운론을 접근하기 어려운 분야 또는 교수 - 학습하기 어려운 분야로 생각하기도 한다.

이 책에서는, 한국어 사용자가 한국 언어사회에서 의사소통을 할 때, 적극 활용할 수 있는 음운 정보를 명시적으로 구축하는 데 목표를 둔다.

한국어 음운 이론을 개발하고 이론적 연구를 축적하는 것도 중요하지만, 우리는, 한국어 사용자가 개인적으로나 사회적으로 도움을 주고받을 수 있는 음운 정보를 구축하는 것이 중요하다고 생각한다. 따라서 다양한 현상과 규칙을 폭넓게, 그렇지만 이해하기 쉽게 논의하고자 한다. 특히 사회 통합을 위한 교육 현장에서 활용할 수 있는 자료, 현상, 규칙에 관한 정보에 초점을 맞춘다. 이를 위하여 사전, 어문 규정, 표준어, 표준 발음 자료를 기반으로 논의하고, 정보 구축에 필요한 용어와 개념은 연구 현장과 교육 현장에서 두루 쓰이는 것을 선택한다.

그동안 음운론 강좌에 참여하여 좋은 자료와 정보를 제공해 준 제자들과 정보 탐색과 처리를 도와준 박건숙 교수와 김영란 교수에게 감사의 뜻을 전한다. 아울러 『한국어 특강 1, 2, 3, 4』가 계속 나올 수 있도록 지원해 주시는 푸른사상 한봉숙 대표님과 편집진 여러분께 깊은 감사 인사를 드린다.

끝으로 『한국어 특강 4 : 한국어 음운 정보 – 현상과 규칙』도 한국어에 대한 관심을 높이는 데 기여하기를 바라면서 학계와 교육계에서 적극 활용되기를 기대한다.

2016년 2월 1일
지은이

⊙『한국어 특강 4 : 한국어 음운 정보−현상과 규칙』을 펴내면서　　　5

1부　음성과 음운

01. 소리와 말소리　　　13

02. 국제음성기호와 기본모음　　　22

03. 음성학과 음운론　　　28

04. 음성과 음운　　　39

2부　한국어 음운과 음절

05. 한국어 모음 목록과 특징　　　53

06. 한국어 자음 목록과 특징　　　67

07. 한국어 음절 구성 방법　　　75

3부   한국어 음운 변동

08. 음운 변동 현상과 규칙   85

09. 음운 교체 현상과 규칙   99

10. 평파열음화   104

11. 비음화   111

12. 유음화   116

13. 구개음화   122

14. 경음화   128

15. 음운 축약 현상과 규칙   133

16. 음운 탈락 현상과 규칙   142

17. 음운 첨가 현상과 규칙   161

4부   모음조화, 두음법칙

18. 모음조화 현상과 규칙   177

19. 두음법칙 현상과 규칙   184

5부   한국어 발음과 표기

20. 한국어 표준 발음법   193

21. 한글 맞춤법   214

◉ 참고문헌   226

◉ 찾아보기   228

1부

음성과 음운

01 소리와 말소리
02 국제음성기호와 기본모음
03 음성학과 음운론
04 음성과 음운

01. 소리와 말소리

◆ 소리 *sound, voice* 범주는 매우 다양하다. 바람 소리, 천둥소리, 돌이 굴러가는 소리처럼 자연과 자연 현상에서 생성 生成 *creation, formation, be created* 되는 소리 범주도 있고, 동물이 내는 소리 범주도 있고, 말소리 *speech sound, voice* 나 기침 소리같이 인간의 신체기관에서 생성되는 소리 범주도 있다. 악기 소리나 망치 소리처럼 인간이 활용하는 도구에서 생성되는 소리 범주도 있고, 유리창이 깨지는 소리, 기차가 지나가는 소리와 같이 물체에서 생성되는 소리 범주도 있다.

◆ 인간이 생성하는 소리 범주에서 가장 중요하고 의미가 있는 소리는 말소리이다. 말소리는 우리 자신의 생각을 표현하는 데도 활용되고 다른 사람의 생각을 이해하는 데도 활용된다. 곧 말소리는 의사소통에서 가장 중요한 기능을 할 뿐만 아니라 한 언어사회 言語社會 *language society, language community* 를 이끌어가는 데도 크게 기여한다. 따라서 말소리에 대한 정보가 없다면 한 언어사회에서 자신의 생각을 표현하거나 다른 사람의 생각을 이해하기 어렵다.

◆ 말소리 생성 과정을 살피기에 앞서 호흡 통로와 음식물 통로의 차이를 살펴보면 다음과 같다(출처 : 국가암정보센터 http://www.cancer.go.kr).

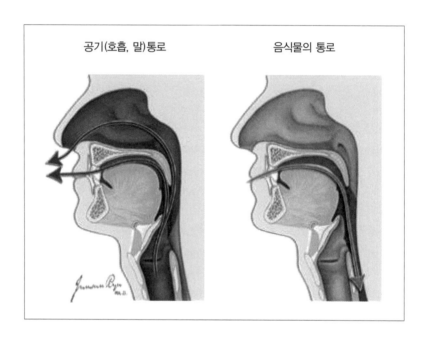

공기(호흡, 말)통로　　　　音식물의 통로

◆ 의미가 있는 소리로는 말소리를 제일 먼저 꼽을 수 있다. 인간이 의미를 생성하고 전달하는 데 가장 많이 활용되는 소리이다. 악기나 도구를 활용하여 의미를 생성하고 전달하기도 하지만 말소리처럼 의사소통을 자유롭게 하기에는 어려움이 있다. 예컨대 같은 피아노곡이라도 연주자에 따라서 또는 듣는 이에 따라서 생성하는 의미도 다르고 이해하

는 의미도 다르다. 뿐만 아니라 같은 연주자가 연주를 하여도 언제 어디서 하느냐에 따라서 다른 의미를 전하기도 한다. 한편, 같은 종소리라도 학교에서 칠 때는 수업을 시작하거나 끝낸다는 의미를 전하지만, 교회나 절에서 치는 종소리는 다른 의미를 전달한다. 새해를 맞는 보신각 종소리 또한 그 의미가 다르다. 이처럼 악기나 도구를 활용하여 생성한 소리는 상황과 목적에 따라 다르게 해석되므로 의미를 인지할 수 있는 소리 범주를 폭넓게 설정해야 한다. 이와는 달리 말소리에서 인지하는 의미는 매우 체계적이고 사회적이다. 예를 들면 한국어 사용자는 말소리 {축하합니다}에서 언제 어디서나 같은 의미를 인지할 수 있다. 따라서 의미가 있는 소리 범주에서 말소리가 가장 대표적인 소리라 할 수 있다.

◆ 말소리는 인간의 신체기관을 통하여 생성되는 특징이 있다. 특히 발동 기관 發動器官, 발성 기관 發聲器官, 조음 기관 調音器官 을 통하여 생성된다. 한편 말소리는 의미가 있다는 특징이 있다. 발동 기관, 발성 기관, 조음 기관을 통하여 생성된 소리라고 하여도 의미가 없는 소리는 말소리로 인지하지 않는다. 예컨대 언어 사용자가 의미를 전하려는 의도를 가지지 않고 생성하는 하품 소리, 재채기 소리, 또는 기침 소리는 말소리 범주에서 논의하지 않는다. 곧 말소리는 인간의 발동 기관, 발성 기관, 조음 기관을 통하여 생성되는 의미 있는 소리 범주를 가리킨다.

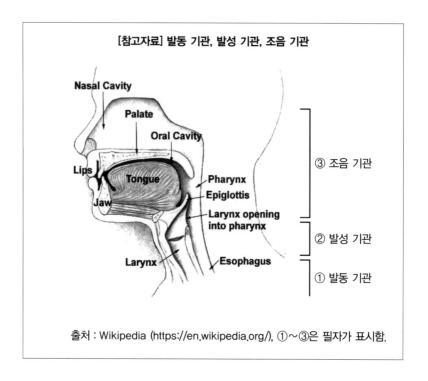

[참고자료] 발동 기관, 발성 기관, 조음 기관

출처 : Wikipedia (https://en.wikipedia.org/), ①~③은 필자가 표시함.

◆ 최근에는 말소리의 특징과 범주가 인간의 신체기관이나 인간의 의사소통 범주를 벗어나서, 말소리와 소리의 경계가 없어지기도 한다. 예를 들면 인공지능人工知能 *artificial intelligence* (AI) 개발과 음성 합성 과정을 통하여 말소리를 생성하기도 하고, 밥솥, 청소기, 전화기, 세탁기, 스마트폰 등의 전자기기와 인간이 말소리로 소통하기도 한다. 인공지능이 빠른 속도로 발전하면서 말소리를 생성하고 이해할 수 있는 기기가 개발되어 계속 똑똑해지고 있다. 이와 같이 인공지능을 기반으로 자연스러운 음성 합성 기술이 발달하게 된 것은 말소리에 대한 정보를

적극 활용하기 때문이다. 그렇다면 밥솥이나 스마트폰에서 나오는 소리 범주를 말소리 범주에 넣을 수 있을까? 인공지능이 생성하고 이해하는 말소리는 현재까지는 매우 제한적이다. 따라서 인간이 생성하고 이해하는 말소리 범주에 넣기는 아직 부족하다.

◆ 말소리에 대한 정보를 구축하는 작업은 인공지능을 개발하고 활용하는 데 꼭 필요하다. 예컨대, 한국어 말소리에 대한 모든 정보를 명시적으로 구축한다면, 한국어 말소리로 의사소통할 수 있는 인공지능을 개발하여 다양한 분야에서 활용할 수 있다. 그런 의미에서 한국어 말소리에서 나타나는 현상과 규칙에 대한 정보를 구축하는 작업은 의미가 있다.

◆ 한국어 말소리에 대한 정보는 한국어 학습자韓國語 學習者 *Korean language learner*에게도 매우 중요하고 필요한 정보이다. 한국어를 학습할 때, 말소리에 대한 정보가 없다면, 실제 언어생활 속에서 자신의 생각을 정확하게 표현하지 못하거나 다른 사람의 생각을 정확하게 이해하지 못할 것이다. 예컨대 {살다}라는 동사를 알아도 /ㄹ/ 탈락 현상에 대한 정보가 없으면 {여기 사는 사람}을 생성하거나 이해할 수 없다.

◆ 한국어 말소리에 대한 정보는 사회 통합을 위해서도 매우 중요하다. 방언이나 남북한어에서 나타나는 말소리 차이, 장애인과 비장애인의 말소리 차이, 세대나 성별에 따라 나타나는 말소리 차이 등에 관한 정보는

의사소통의 어려움을 극복할 수 있을 뿐만 아니라, 한국 언어사회 나아가 한국 사회를 통합하는 데도 크게 기여할 수 있다.

◆ 한국어 말소리는 자연언어自然言語 *natural language* 범주에 속하고 한글은 인공언어人工言語 *artificial language* 곧 인공 문자언어 범주에 속한다. 한국어 말소리는 인위적으로 만들어진 것이 아니라 자연스럽게 생성 발전되어 현재에 이르고 있다. 영어, 중국어, 일본어, 불어, 독어 등 대부분의 언어와 마찬가지로 한국어 말소리도 자연적으로 생성된 자연언어 범주에 속한다. 한편 한글은 창제자, 창제 원리, 창제 시기 등 생성 과정을 정확하게 알 수 있다는 점에서 인공 문자언어이다. 따라서 컴퓨터가 판독하는 기계어나 에스페란토 *Esperanto* 와 같은 세계어와 함께 인공언어 범주에 속한다. 곧 한국어 범주를 음성언어音聲言語 *spoken language*, 문자언어文字言語 *written language*, 몸짓언어 *body language* 로 나누어 본다면, 음성언어와 몸짓언어는 자연언어 범주에 넣을 수 있고, 문자언어는 인공언어 범주에 넣을 수 있다.

⊙ 에스페란토는, 1887년 7월 26일 L. L. Zamenhof 가 세계인이 누구나 쉽게 배우게 하기 위하여 만든 국제보조어 *international auxiliary language* 로, 인공언어의 하나이다. 모국어로 사용하는 사람은 1,000여 가족이 있고, 제2 언어로 사용하는 사람은 200만 명 정도라고 한다. 공식적으로 이 언어를 사용하는 지역은 세계 최초의 에스페란토 국가 Neutral Moresnet 와 RoseIsland 를 들 수 있

다. 2012년에는 Google에서 64번째로 번역을 제공하기도 하였고, 2016년 1월 6일 현재 252,000명의 사용자가 Duolingo에서 영어 사용자를 위해 운영하는 에스페란토 강좌에 등록하기도 하였다고 한다(Wikipedia 참조).

◆ 한국어 사용자韓國語 使用者 *Korean language user*가 모두 똑같은 말소리를 생성하고 이해하는 것은 아니다. 한국어 사용자가 어떤 신체기관을 가지고 태어났는지 어떤 언어사회에서 성장하였는지 또 어떤 언어사회에서 교육을 받았는지 등에 따라서 말소리에 대한 정보가 다르다. 이와 같은 정보의 차이는 가족, 친구 사이, 또는 선후배 사이 등 어디서나 나타날 수 있다.

◆ 최근에는 다양한 대중매체大衆媒體 *mass media*에서 사회 통합을 위한 프로그램을 편성하여 방송하고 있다. 프로그램에 참여하는 출연자를 보면, 국적이 다르기도 하고, 모국어가 다르기도 하고, 문화가 다르기도 하다. 그러나 출연자들이 한국어 말소리에 대한 정보를 가지고 있어서 의미 있는 의사소통을 하기도 하고 재미있는 프로그램을 만들기도 한다. 가끔 말소리에 대한 정보가 부족하여, 폭소가 터지거나 의사소통이 어려운 장면도 있지만, 시청자 또한 사회 통합 차원에서 긍정적으로 수용하고 있다. 이와 같은 현상은, 한국어 말소리에 대한 정보 또한 그 폭을 넓혀서, 한국어 사용자뿐만 아니라 북한어 나아가 외국어를 모국어로 사용하는 한국어 학습자도 활용할 수 있는 정보가 되어야 함을 뜻한다.

? 소리 유형을 나눈다면 어떤 기준으로 어떻게 나눌 수 있을까?

> ⇒ 소리를 내는 대상이나 의성어의 종류에 따라서 소리의 유형을 나누어
> 본다.
> − 소리를 내는 대상에 따라 : 새소리, 고양이 소리…
> − 의성어에 따라 : 사각사각 소리, 탁탁 소리…

? 인간이 생성하는 소리 범주는 어떻게 설명할 수 있을까?

> ⇒ 인간이 생성하는 소리의 종류를 찾아본다.
> : 발소리, 웃음소리, 울음소리…
> ⇒ '웃음소리, 울음소리'는 말소리와 어떤 차이가 있는지 생각해 본다.

? 의미가 있는 소리 범주는 어떤 기준으로 설정할 수 있을까?

> ⇒ '자다/짜다/차다'는 각각 의미가 다르다. 어떤 소리가 의미를 다르게 만드
> 는지 생각해 본다.

? 의미가 없는 소리 범주는 어떻게 설명할 수 있을까?

⇒ 'file/fry pan'을 '파일/프라이팬' 또는 '화일/후라이팬'으로 적는 이유가 무엇인지 생각해 본다.

? 자연언어와 말소리의 관계는 어떻게 설명할 수 있을까?

⇒ '자연언어'의 사전 정의를 찾아보고, 이를 바탕으로 말소리와의 관계를 설명해 본다.

? 인공언어와 말소리의 관계는 어떻게 설명할 수 있을까?

⇒ '인공언어'의 사전 정의를 찾아보고, 이를 바탕으로 말소리와의 관계를 설명해 본다.

02. 국제음성기호와 기본모음

◆ 국제음성기호國際音聲記號 *International Phonetic Alphabet*(IPA)는 프랑스 언어학자 Paul Passy가 이끄는 국제음성학회 *International Phonetic Association*(*in French, l'Association Phonétique Internationale*)로부터 출발하여 Otto Jespersen이 제안하고 A. J. Ellis, Henry Sweet, Daniel Jones, Paul Passy에 의해 개발되어 현재까지 수차례 수정 보완되었다. 현재 활용하고 있는 IPA는 2005년에 수정된 것으로 세계 언어학자들이 언어 측정, 언어 기술, 발음 표기, 발음 교정, 발음 교육 등을 할 때 적극 활용하고 있다(Wikipedia 참조). 국제음성기호는 세계 언어 또는 인간이 생성할 수 있는 모든 소리를 자모로 제시하고 있기 때문에 한 언어에서 모든 자모를 활용하는 것은 아니다. 따라서 한국어 사용자의 말소리를 기록하는 데 필요한 자모도 국제음성기호의 일부로 그 수가 제한되어 있다.

◆ 〈위키백과〉에서는 국제음성기호에 대한 정보를 다음과 같이 제시하고 있다. 국제음성기호에 대한 이해를 돕기 위하여 내용을 그대로 인용한다.

- 국제음성기호 또는 만국음성기호萬國音聲記號 는 언어학에서 주로 사용되는 음성 기록 체계를 말한다. 현존하는 모든 언어의 소리를 독자적이고 정확하면서 표준적인 방법으로 표시하기 위해 이 기호 체계가 고안되었으며, 언어학자 외에도 언어장애 병리사나 발성 치료사, 외국어 교수자, 말뭉치 연구자, 번역가 등이 일상생활에서 이 기호 체계를 활용하고 있다. 2005년에 확장된 형태는 약 107개의 기본 문자와 55개의 구별 기호로 구성되어 있다.

- 국제음성기호의 기호는 크게 (기본) 문자, 구별 기호, 초분절 요소 등의 3가지 종류로 나눌 수 있다. 이들은 또 다시 세부적으로 나눌 수 있는데 기본 문자의 경우 모음과 자음으로 나눌 수 있다. 음성을 표시하는 방법에서 표준화를 염두에 두고 만들어졌기 때문에 이러한 기호들은 크게 바뀌지는 않으나 이를 관할하는 국제음성협회에 의해 기호가 덧붙여지거나 빠지거나 수정되기도 한다.

- 국제음성기호는 주로 언어 발화 행위와 직접적으로 관련된 현상(혀의 위치나 조음 방법, 단어나 음절 분절 등)만을 표현할 수 있게끔 되어 있지만, 국제음성기호 확장형을 통해서 의미와는 무관한 발화 현상(이 가는 소리, 혀짤배기소리 등)도 기록할 수 있게끔 되어 있다.

◆ 2005년에 수정되어 현재 널리 활용되고 있는 국제음성기호와 그 출처는 다음과 같다.

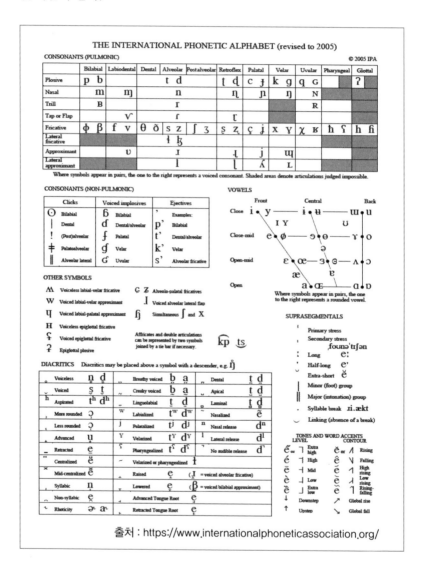

출처 : https://www.internationalphoneticassociation.org/

◆ 기본모음 基本母音 *Cardinal Vowel* (CV) 은 제1 기본모음 *Primary cardinal vowels* 과 제2 기본모음 *Secondary cardinal vowels* 으로 나뉘는데, 세계 언어의 모음 체계를 설명하는 기준이 되고 있으며, 한국어 모음 체계를 설명하는 데도 활용하고 있다. 예를 들면 우리는 새로운 언어사회에서 새로운 모음을 발견하게 되면 제1 기본모음에 가까운지 제2 기본모음과 가까운지, 기본모음 중에서 몇 번과 가까운지 등을 기술하거나 설명할 수 있다. 아울러 언어 사용자가 생성하는 발음을 들으면서 모음사각도에 표기할 수도 있고, 발음 교정 과정에서 기본모음 사각도를 활용하여 입술 모양을 교정할 수도 있고, 조음 위치를 교정할 수도 있다.

◆ 『표준국어대사전』에서 제시한 기본모음의 정보는 다음과 같다.

기본^모음(基本母音) 『언어』

모음의 음가를 정밀하게 측정하고 기술하기 위하여 존스(Jones, D.)가 제안한 일련의 모음들. i・e・ɛ・a・ɑ・ɔ・o・u의 1차 기본 모음 8개와 8개의 2차 기본 모음이 있다.

◆ 제1 기본모음은 여러 언어에서 자주 사용하는 모음 (a)이고, 제2 기본 모음은 일부 언어에서 사용하는 모음 (b)이다.

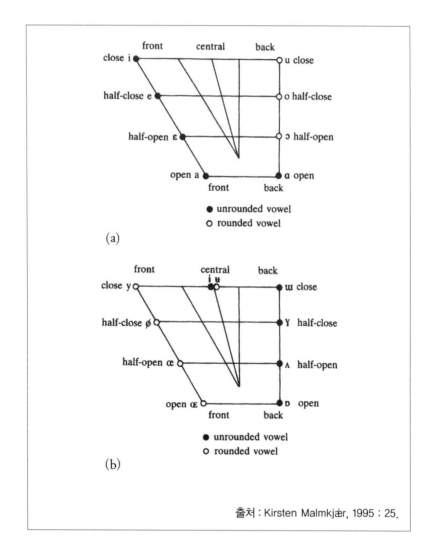

출처 : Kirsten Malmkjær, 1995 : 25.

◆ 기본모음에 대한 개념을 수립한 학자는 Daniel Jones (1881 – 1967) 이다. Daniel Jones 는 영국 케임브리지 대학에서 수학과 법학을 공부하였으나, 17세에 불어 대화 강좌를 들으면서 발음에 관심을 가지게 되어, 1900년부터 Paul Passy 교수의 지도를 받으면서 IPA 발전과 보급에 크게 기여하였다. 그의 대표 저서 *An English Pronouncing Dictionary* (1917) 와 *An Outline of English Phonetics* (1918) 는 현재까지 많은 학자들이 참고하고 있다 (David Crystal, 1995 : 239 참조).

03. 음성학과 음운론

◆ 말소리의 발음은 음성학 音聲學 *Phonetics* 관점과 음운론 音韻論 *Phonology* 관점에서 연구할 수 있는데, 한국어 사용자가 생성하는 말소리도 두 가지 관점에서 논의할 수 있다. 그러나 두 가지 관점을 명시적으로 나누어 논의하기는 쉽지 않다. 음성학적인 정보가 없으면 음운론적인 정보를 이해하기 어렵고, 음운론적인 정보가 없으면 발음에 관한 정보와 함께 의미에 관한 정보를 이해하기 어렵다. 예컨대 [밤만 머거써]에서 어떤 한국어 사용자는 [밤을 먹은 것]으로 어떤 한국어 사용자는 [밥을 먹은 것]으로 이해한다. 따라서 음성학적인 정보와 음운론적인 정보를 함께 고려해야 한다. John Kinston (2007 : 401 - 402)에 따르면 음성학과 음운론의 관계는 서로 영향을 주는 인터페이스 *interface*라 할 수 있다.

◆ 음성학과 음운론의 구별은 Leonald Bloomfield (1933, 1976 : 78)에서도 찾아볼 수 있다 : "The study of *significant* speech-sounds is *phonology* or *practical phonetics*. Phonology involves the consideration of meanings. The meaning of speech-forms could be scientifically defined only if all branches of science, including, especially, psychology and physiology, were close to perfection." 음운론이 음성학과 다른 것은 의미를 고려하여 말소리를 연구한다는 점이다.

◆ Victoria Fromkin, Robert Rodman (1974, 1993 : 216)에서는 음성학을 음운론의 한 부분으로 본다 : "Phonetics is a part of phonology, and, as discussed in the previous chapter, provides the means for describing speech sounds: phonologists study the ways in which these speech sounds form systems and patterns in human language. The phonology of a language is then the system and patterns of speech sounds. We see that the word *Phonology* is used in two ways, either as the *study* of sound patterns in language or *as the sound patterns* themselves." 이와 같은 생각은 음운론에서 음성학을 함께 논의하는 것과도 통한다. 한편 음운론에서 음운 체계와 함께 음운 변동이 일어나는 유형을 살피는 것을 설명할 수 있다.

◆ David Crystal (1995 : 236)에 따르면 음성학은 크게 세 분야로 나눌 수 있다. 말소리를 생성하는 발성 기관과 발성 방법을 연구하는 조음음성학調音音聲學 *articulatory phonetics*, 말소리의 물리적 속성을 연구하는 음향음성학音響音聲學 *acoustic phonetics*, 말소리를 듣고 인지하는 방법을 연구하는 청취음성학聽取音聲學 *auditory phonetics*이 이에 속한다. 이기문 외(2000 : 17-18)에서는 현대음성학은 생리음성학 *physiological phonetics,* 곧 조음음성학과 음향음성학으로 나뉘어 발전되어 왔다고 하

면서 청음음성학 *auditory phonetics* 을 음성학의 새로운 영역으로 제시하기도 하였다.

◆ 음성학은 말소리의 생성은 물론 단어의 소리를 식별하는 청취 기관, 소리를 전달하는 음향까지 다양한 분야를 연구할 수 있다. 그러나 한국어 말소리는 주로 조음음성학 분야에서 연구되고 있다. 이때 음성학에서 논의하는 단위는 음성 音聲 *phone*, 곧 말소리이다.

조음음성학	ㄱ. 복잡한 신체기관과 지각 기술의 제어 연구 ㄴ. 조음 운동을 통제할 수 있는 신경 패턴 연구
청취음성학	단어의 소리를 식별할 수 있는 신경 패턴 연구
음향음성학	소리를 전달하는 공기의 흐름 및 진동 연구

◆ 『표준국어대사전』에서는 음성학에 대한 정보를 다음과 같이 제시하고 있다. 사전 정보를 살펴보면 다른 언어 사전과는 달리 발음기호는 없고 [음성학만[-항-]]과 같이 한글로 발음 정보를 제공하고 있다. 이와 같은 방법으로 발음 정보를 주는 것은 한글로 발음을 표기할 수 있기 때문이다. 표제어에 [-항-]을 제시한 것은 /학/이 [항]으로 발음되어야 함을 뜻한다.

음성-학(音聲學) 〔음성학만[—항-]〕 「명사」 『언어』

말소리를 자연 과학적인 관점에서 그것이 어떤 발음 기관의 어떠한 작용에 의하
여 생성되며, 또한 만들어진 말소리가 어떻게 전달되고 청취되는가 등을 관찰하
는 학문. ≒ 말소리갈 · 발음학 · 성음학 · 소리갈 · 어음론.

◆ 음성학이란 언어 사용자의 말소리를 의미 분화의 기능과 관계없이 순
수한 과학적 대상으로 연구하는 분야이다. 특히 말소리가 어떻게 생성되
고, 어떻게 전달되고, 어떻게 인지되는지 객관적으로 규명하는 데 목표를
둔다. 언어 사용자가 말소리를 생성하고 이해하기 위해서는, 정신 활동과
신체 활동을 통제할 수 있는 인지 능력과 운동 기능은 물론 소리와 말소
리를 구별할 수 있는 언어 능력이 필요하다. 이를 위하여 다양한 수준의
분석기가 활용되고 있다. 예를 들면 소리의 떨림을 측정하는 소리 막대부
터 X-레이, MRI, 슈퍼컴퓨터에 이르기까지 그 종류도 다양하다. 다음에
제시하는 포먼트는 주파수 분포를 보여주는 것이다. 소리의 높이, 세기,
주파수, 속도 등을 확인할 수 있다.

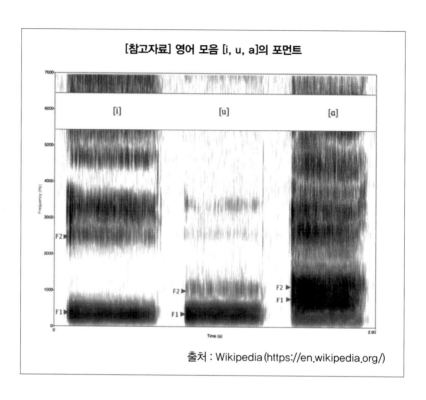

[참고자료] 영어 모음 [i, u, a]의 포먼트

출처 : Wikipedia (https://en.wikipedia.org/)

◆ 음운론은 시대에 따라서 또는 학파에 따라서 연구 대상도 다양하고 연구 방법도 다양하다. 예를 들면, 구조주의構造主義*structuralism*에서는 아메리칸 인디언어, 지역방언, 사회방언 등의 음운 목록을 발견하거나 기술하는 데 관심을 두었고, 생성음운론生成音韻論*generative phonology*에서는 언어의 보편성과 개별성에 초점을 맞추어 다양한 자질을 설정하여 음운 현상과 규칙을 명시적으로 설명하고자 하였다. 생성음운론 관점에서 규명한 음운론적인 규칙과 음성학적인 규칙은 Ricardo Bermúdez-

Otero (2007 : 502)에서 그 관계가 잘 나타난다. 〈표〉에서 화살표는 생성 과정을 의미한다.

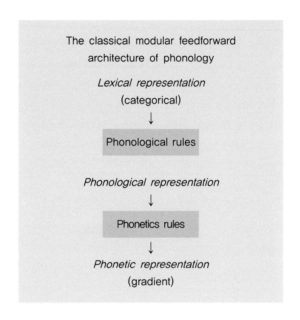

The classical modular feedforward
architecture of phonology

Lexical representation
(categorical)
↓

Phonological rules

Phonological representation
↓

Phonetics rules

↓
Phonetic representation
(gradient)

◆ 한국어 음운론의 연구 대상과 방법도 매우 다양하게 변모해 왔다. 통시적 음운 변화通時的 音韻 變化 *diachronic phoneme change*에 초점을 맞추어 기술한 연구, 공시적 음운 변동共時的 音韻 變動*synchronic phoneme fluctuation*에 초점을 맞추어 설명한 연구, 구조주의 음운론에 바탕을 둔 연구, 생성음운론에 바탕을 둔 연구, 이론적인 틀을 바탕으로 한 음운 연구, 현상에 초점을 맞춘 음운 연구, 규칙이나 규범에 초점을 둔 연구 등 그 내용은 매우 다양하다.

◆ 『표준국어대사전』에서는 음운론에 대한 정보를 다음과 같이 제시하고 있다. 사전 정보에 따르면 음운론에서 /론/은 [논]으로 발음된다. 곧 표기와 발음의 차이라고 볼 수도 있지만, 음운론에서는 음운 변동 규칙이 적용되었다고 본다.

음운론(音韻論)[—논]「명사」『언어』

추상적이고 심리적인 말소리인 음운을 대상으로 음운 체계를 밝히고, 그 역사적 변천을 연구하는 학문. 언어학의 한 분야이다. ≒음소론「1」·음운학「2」.

◆ 음운론에서 다루는 말소리는 다음과 같은 특징이 있다.
- 의미 있는 말소리
- 의미를 구별하는 말소리
- 의미 차이를 인지할 수 있는 말소리
- 언어 사용자가 하나로 인지하는 말소리

◆ David Crystal(1995 : 236)에서는 음운론에 대하여 다음과 같이 정의하고 있다 : "Phonology is the study of the sound systems of languages, and of the general properties displayed by these systems." 언어의 말소리 체계를 연구하고, 말소리 체계에 의해서 나타나는 보편적인 특징을 연구하는 분야를 음운론으로 보았다. 한편, 음성학에서는 사람이 생성하는 모든 말소리를 연구 대상으로 삼지만, 음운론에서는 의미 차이를 드러내는 말소리만을 대상으로 삼는다고 밝히고 있다.

◆ 한국어 음운론의 연구 목표는, 한국어 사용자의 머릿속에 잠재되어 있는 한국어 음운 목록과 체계를 명시적으로 밝히고, 한국어 사용자가 공유하는 다양한 음운 변동 현상, 음운 변동 규칙, 규정 등에 관한 음운 정보를 정확하게 구축하는 것이다. 또 한편으로는 한국어 음운 정보를 적극 활용하여 한국 언어 사용자와 한국 언어사회는 물론 한국어를 배우고자 하는 외국어 사용자와 외국어 사회와 의사소통을 하는 데 목표를 둔다. 나아가 한국어 말소리를 생성하고 이해할 수 있는 인공지능 개발과 로봇을 개발하는 데 활용할 수 있는 명시적인 정보 구축에도 목표를 둔다.

◆ 한국어 음운론에서는 한국어 사용자가 의사소통에서 중요하다고 생각하는 음운 체계, 음운 현상, 음운 규칙에 대한 정보를 논의한다. 예를 들면 다음과 같은 주제와 내용을 논의할 수 있다.

한국어 음운 목록	한국어에 존재하는 말소리를 연구하여 음운 목록(음소 및 운소 목록)을 세운다. 예) '밥 비벼.' [p a pˀ p i b j ə]
한국어 음운 체계	음운 목록을 중심으로 음운 체계를 정리하고, 이를 바탕으로 각 음운이 어떤 관계를 형성하는지 설명한다.
음운 결합 제약	음운과 음운이 결합할 때 나타나는 결합 제약을 설명한다.
음운 변동	음운과 음운, 형태소와 형태소가 결합할 때 일어나는 음운 변동을 연구한다.

| 연구 결과의 활용 | 음운론 연구 결과의 활용 분야를 알아본다.
ㄱ. 표준어 교육, 인공지능 개발
ㄴ. 국어 교육, 한국어 교육, 외국어 교육 |

◆ 한국어 음운론의 연구 목표와 함께 교육 현장에서 논의하는 주제는 다음과 같다.

음운에 관한 용어와 개념	'음성, 음운, 음절, 운소, 최소 대립쌍, 변별 자질, 기저형, 표면형' 등과 같은 음운론 연구와 관련된 용어와 개념을 이해한다.
음운 목록 및 체계	표준어의 음운 목록과 음운 체계를 이해한다.
음운 결합 제약	음운 결합에서 나타나는 제약을 밝힌다.
음운 변동 현상과 규칙	형태소가 결합할 때 어떤 음운 변동이 일어나는지, 음운 변동이 일어나는 동기와 원인은 무엇인지, 음운 변동의 결과를 어떻게 설명하고 규칙화할 것인지 논의한다.
한국어 어문 규정	말소리와 직접 관련지을 수 있는 어문 규정을 이해한다 : 한글 맞춤법, 표준 발음법, 표준어 규정, 로마자 표기법, 외래어 표기법.

◆ 〈2015 개정 교육과정〉중-고등학교 국어과의 문법 영역 중 음운 교육에 대한 학습 요소와 성취 기준 해설에서는, 규칙에 대한 학습보다는 실제 발음이나 표기가 생활에 적용된 사례를 중점적으로 다룸으로써 올바른 발음과 표기 생활의 능력 향상을 강조하고 있다. 따라서 한국어 음운론의 교수-학습자는 기본 개념과 변동 규칙을 정확하게 이해하는 것은 물론이고 이를 언어생활에 적용시켜 올바른 발음과 정확한 표기에 활용할 수 있도록 실제적인 교수-학습 자료와 정보를 구축하는 것이 필요하다.

[참고자료] 2015 개정 교육과정 중-고등학교 국어과 문법 영역

1) 학습 요소
ㄱ. [9국04-02] 음운의 체계를 알고 그 특성을 이해한다.
ㄴ. [9국04-03] 단어를 정확하게 발음하고 표기한다.
ㄷ. [10국04-02] 음운의 변동을 탐구하여 올바르게 발음하고 표기한다.

2) 성취 기준 해설
ㄱ. [9국04-03] 이 성취 기준은 국어생활에서 발화나 문장의 기본적인 단위인 단어의 발음 원리와 표기 원리를 익혀 실제의 국어생활에 적용하는 능력을 기르기 위해 설정하였다. 단어의 올바른 발음·표기의 원칙은 어문 규정에 명시되어 있는데, 표준어 규정 중 제2부 '표준 발음법'의 제2장과 제4장에서 학습자가 자주 틀리는 잘못된 발음이나 잘못된 표기를 중점적

으로 다루어 학습자들의 언어생활을 개선하도록 하며, 단어를 올바르게 발음하고 표기하는 태도를 기르도록 안내한다.

ㄴ. [10국04-02] 이 성취 기준은 음운 변동에 내재된 원리와 규칙을 탐구하여 올바른 발음과 표기 생활을 하는 능력을 기르기 위해 설정하였다. 여러 가지 음운 변동 현상 중에서 발음 생활과 표기 생활에 미치는 영향이 큰 음운 변동에 초점을 맞추도록 한다. 비음화, 유음화, 된소리되기(경음화), 구개음화, 두음법칙, 모음 탈락, 반모음 첨가, 거센소리되기(유기음화) 중에서 선택하여 다루되, 음운 변동 규칙에 대한 학습보다는 실제 발음 생활이나 표기 생활에 적용되는 사례를 중점적으로 다루도록 한다.

3) 교수 · 학습 방법 및 유의 사항

ㄱ. 음운의 체계와 특성을 지도할 때에는 단순한 암기 위주의 학습보다는 실생활에서 사용되는 실제적 발음 원리에 대한 이해 위주의 학습이 이루어지게 하고, 음운 변동에 대한 학습으로까지 나아가지는 않도록 한다.

ㄴ. 단어의 발음과 표기를 지도할 때에는 표준 발음법 같은 어문 규정과 관련하여 지도하되, 어문 규정 전체를 단편적 지식으로 학습하기보다는 여러 조항 중 설명이 필요한 일부 조항만을 선택하여 학습 부담을 줄이고 실제 생활에 적용할 수 있는 원리를 이해하도록 한다. 아울러 학습자가 일상생활 속에서 경험하는 사례를 중심으로 실제 적용해 보는 활동을 하도록 한다.

ㄷ. 음운의 변동을 지도할 때에는 모든 음운 변동 현상을 자세하게 학습하는 것보다는 실제 발음이나 표기 생활과 밀접하게 관련이 되는 것을 선택하여 가르치도록 한다. 그리하여 음운 변동에 대한 학습이 실제 발음 및 표기 생활에 도움이 된다는 점을 깨닫고 활용하도록 하는 데 중점을 둔다.

04. 음성과 음운

◆ 음성音聲 *phone* 은 음성학의 연구 대상이고 음운音韻 *phoneme* 은 음운론의 연구 대상이다. 『표준국어대사전』에서 제시한 음성과 음운의 정보는 다음과 같다.

음성02(音聲) 「명사」

「2」『언어』 사람의 발음 기관을 통해 내는 구체적이고 물리적인 소리. 발화자와 발화시에 따라 다르게 나는 소리로서 자음과 모음으로 나뉘는 성질이 있다. ≒말소리

음운01(音韻) 「명사」『언어』

「1」 말의 뜻을 구별하여 주는 소리의 가장 작은 단위. 사람들이 같은 음이라고 생각하는 추상적 소리로, '님'과 '남'이 다른 뜻의 말이 되게 하는 'ㅣ'와 'ㅏ', '물'과 '불'이 다른 뜻의 말이 되게 하는 'ㅁ'과 'ㅂ' 따위를 이른다. 음운은 사람들의 관념에 따라 그 수가 달라질 수 있다. 예를 들어 우리말의 'ㄹ'을 영어에서는 'l'과 'r'의 두 개의 음운으로 인식한다.

◆ 음성은 구체적이고 물리적인 말소리이고, 음운은 추상적이고 심리적인 말소리이다. 예를 들면 한국어 사용자에게 {아}를 발음하라고 하면 높이가 다르고, 주파수가 다르고, 세기가 다르고, 길이가 다르고, 공명도가 달라서 물리적으로 똑같은 소리를 찾을 수 없다. 같은 언어 사용자라고 하여도 물리적으로 똑같은 소리를 낼 수 없다. 곧 언어 사용자가 생성한 음성 [아]는 무한 집합에 속한다. 그러나 언어 사용자는 무한 집합에 속하는 음성을 들으면서도 그 차이를 느끼지 못하고 모두 하나의 음운 /아/가 실현되었다고 인지한다. 곧 의미 차이가 없다고 인지하여 하나의 모음 /아/로 본다.

◆ 음성과 음운의 차이는 다음과 같이 간단하게 정리할 수 있다.

분류	음성 *phone*	음운 *phoneme*
정의	구체적이고 물리적인 말소리	추상적이고 심리적인 말소리로, 의미를 분화시키는 말소리
단위	음성으로 언어학계에서 [ ]로 표기한다.	음소 音素, 운소 韻素 *prosodeme*로 언어학계에서 / /로 표기한다.
예	달[dal]과 노래[norae]에서 음성 [l]과 음성 [r]은 두 음성으로 인지한다.	한국어 사용자는 음소 [l]과 [r]을 하나의 음소 /ㄹ/의 변이음으로 인지한다.

◆ 음운은 일반적으로 음소와 운소를 가리킨다. 음소는 자음, 모음과 같이 분절이 가능한 것으로 분절음소分節音素 *segmental phoneme* 로 불리고, 운소는 억양, 성조, 길이 등과 같이 분절하기 어려운 것으로 초분절음소超分節音素 *suprasegmental phoneme* 또는 운율 자질韻律資質 *prosodic features* 로 불린다. 운율 자질로는 억양, 강세, 속도, 리듬, 휴지, 성조, 길이 등이 있다. 그러나 여기에서는 음소와 운소를 명확하게 가르지 않고 모음, 자음, 운소를 두루 가리키는 용어로 음운을 쓰기로 한다. 운소는 한국 언어사회에서 모음, 자음과는 달리 체계, 목록 또는 기능 면에서 적용 범위가 매우 제한되어 있기 때문에 대등하게 보지 않는다.

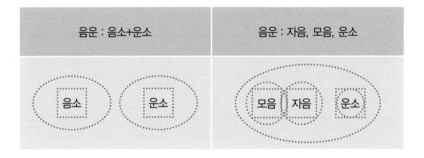

◆ 음운 목록이나 음운의 수는 언어에 따라 차이가 있다. 예를 들면 음운 목록에 속하는 자음 목록, 모음 목록, 운소 목록은 언어마다 다르고, 따라서 음운의 수도 차이가 있다. 이 때문에 언어 사용자가 다른 나라 언어의 발음을 정확하게 구사하지 못하거나 이해하지 못하는 경우가 있다. 한 나라 안에서도 지역방언이나 사회방언에 따라 서로의 발음을 정확하게 이해하거나 구사하지 못하는 것 역시 음운 목록이나 음운의 수가 다르기 때

문이다. 한편 말소리만 듣고도 한국어인지 아닌지 또는 어느 지역 사람인지 등을 인지할 수도 있다. 어떤 경우에는 모음 체계가 달라서 한국어를 학습하는 데 어려움을 겪기도 하고, 한국어에는 없는 자음이라 학습하기 어려운 외국어도 있다. 뿐만 아니라 한국어에서는 의미를 구별하는 데 크게 관여하지 않는 성조로 인하여 중국어 학습에 어려움을 겪기도 한다. 이와 같은 어려움은 모두 음운 목록과 수, 곧 음운 체계가 다르기 때문에 나타나는 현상이다. 그러나 음운 체계에 대한 정보가 있다면 좀 더 체계적으로 외국어를 학습할 수도 있고 한국어를 가르칠 수도 있다.

◆ 음운 체계를 수립하기 위해서는 먼저 음운 목록을 정리해야 한다. 음운을 찾는 방법으로는, 최소 변별쌍最小辨別雙 곧 최소 대립쌍最小對立雙 *minimal pair*을 찾는 것이 대표적이다. 음성적으로 다른 두 소리가 언어 사용자에게 다른 소리로 인식되고 의미를 분화시키는 기능을 가지고 있다면, 우리는 이를 변별쌍 또는 대립쌍이라고 한다. 이때 {말-발}, {달-돌} 등과 같이 하나의 말소리만 차이가 나는 쌍을 최소 변별쌍 또는 최소 대립쌍이라고 한다.

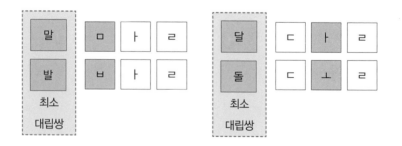

◆ 한국어 음운 목록은 최소 대립쌍으로 발견되었고, 한국어 음운 목록은 최소 대립쌍을 바탕으로 확인할 수 있다. 예를 들면, {방-빵}에서 다른 의미를 인지할 수 있으므로 자음 /ㅂ/과 /ㅃ/을 설정할 수 있고, {밤-봄}에서 다른 의미를 인지할 수 있으므로 모음 /ㅏ/와 /ㅗ/를 확인할 수 있다. 이와 같은 방법으로 영어 음운 목록을 발견할 수도 있다. 의미가 다른 {kill-pill-mill-fill-bill}을 통하여 자음 /k, p, m, f, b/를 찾을 수 있고, 다른 의미를 지시하는 {park-pork}에서는 모음 /a, o/를 찾을 수 있다.

◆ 언어마다 음운 체계가 다르기 때문에 최소 대립쌍 또한 차이가 있다. 따라서 한국어에서는 대립하지만 영어에서는 대립하지 않는 최소 대립쌍도 있고, 그 반대의 경우도 있다. 예를 들면 한국어 사용자가 영어의 [f]와 [p]를 듣지 못하는 것은 아니다. 음성적으로는 들리지만, 한국어에서는 의미를 분화시키지 않기 때문에 주의깊게 듣지 않고 음운으로 설정하지 않는 것이다. 따라서 영어 file[서류철]과 pile[무더기]은 '파일'로 표기도 하고 발음도 한다. 곧 영어에서는 /f/와 /p/가 의미를 분화하는 데 관여하기 때문에 자음 목록에 있지만, 한국어 자음 목록에는 /p/만 있고 /f/는 없다. 그러나 음운 /p/ 또한 한국어와 영어에서 인지하는 말소리가 똑같지 않다.

◆ 지역 방언의 음운 목록 차이도 이와 같은 최소 대립쌍으로 설명할 수 있다. 예컨대 /ㅐ/와 /ㅔ/가 대립하지 않는 지역도 있어서 {내-네}의 의

미를 정확하게 인지하지 못할 때도 있고, /ㅡ/와 /ㅓ/가 대립하지 않는 지역도 있어서 {은희-언희}가 누구를 지시하는지 이해하기 어려운 경우도 있다. 뿐만 아니라 이중 모음에 속하는 음운을 단모음으로 생성하거나 인지하는 방언도 있다. 따라서 한국어 사용자가 모두 같은 음운 목록과 체계를 가지고 있다고 보기는 어렵다. 그렇지만 한국어 사용자는 표준어에 대한 정보를 공유하고 있기 때문에 지역 방언에 따른 음운 목록의 차이가 의사소통에 큰 장애가 되지는 않는다.

◆ 최소 대립쌍과는 달리 의미가 변별되거나 의미가 대립하지 않는 변이음變異音 *allophone* 과 상보적 분포 相補的分布 *complementary distribution* 에 있는 말소리는 다른 음운으로 설정하지 않는다. 따라서 변이음으로 나타나는 말소리는 음운 목록에서 찾을 수 없다. 마찬가지로 의미 차이는 없고 자리만 다른, 이른바 상보적 분포에 속하는 말소리도 음운 목록에서 찾을 수 없다. 음운은 환경에 따라 조금씩 다른 소리로 실현된다. 이처럼 한 음운이지만 환경에 따라 달리 실현되는 소리를 변이음 또는 이음이라 한다. 한 음운을 이루는 변이음 중에는 실현되는 위치가 서로 겹치지 않는 것이 있다. 이처럼 서로 실현되는 환경이 다를 때 조건 변이음으로 보고 상보적 분포를 이룬다고 말한다. 그러나 모든 한국어 사용자가 변이음이나 그 환경을 정확하게 또는 명확하게 인지하는 것은 아니다. 그 이유는 한국어 사용자는 의미 차이를 인지할 수 없는 변이음보다는 의미 차이를 인지할 수 있는 음운에 더 많은 관심을 두기 때문이다.

◆ 한국어에서 /ㅂ, ㄷ, ㄱ/의 변이음 양상을 살펴보면 다음과 같다. 여기에 제시한 변이음과 상보적 분포를 이루는 말소리는 한국어 음운 목록에서 찾을 수 없다. 또한 한국어 사용자는 각 음운에 대한 변이음을 정확하게 인지하지 못하는 경향이 있다.

음운	분류	상보적 분포		
		단어의 첫소리	음절 끝소리	유성음 사이
ㅂ	변이음	p	p˺	b
	자료	바다, 바지	밥, 집	나비, 아버지
ㄷ	변이음	t	t˺	d
	자료	다리, 다방	받고, 디귿	면도, 인도
ㄱ	변이음	k	k˺	g
	자료	고장, 구리	수박, 학	감기, 너구리

◆ 『표준국어대사전』에서는 변이음과 상보적 분포를 다음과 같이 제시하고 있다.

이음02(異音)[이ː-] 「명사」 「언어」

같은 음소에 포괄되는 몇 개의 구체적인 음이 서로 구별되는 음의 특징을 지니고 있을 때의 음. 예를 들어, '감기'의 두 'ㄱ' 소리는 같은 문자로 표기하나 실제로는 앞의 ㄱ은 [k], 뒤의 것은 [g]와 같이 서로 다른 음가를 가지는데, 한 음운으로 묶인 서로 다른 둘 이상의 음성을 그 음운에 상대하여 이른다. ≒변이음. 「명사」 「언어」

상보적 분포(相補的分布) 「언어」

한 쌍의 언어음이나 언어 형식에서, 어느 한쪽은 다른 한쪽이 결코 나타나지 않는 환경에서만 나타나는 일. 조사 '을'과 '를'은 앞의 체언이 목적어임을 나타내는 격 조사이나 '을'은 자음 뒤에서만, '를'은 모음 뒤에서만 나타나는 따위이다. ≒배타적 분포.

◆ 운소韻素 *prosodeme* 또한 음운과 마찬가지로 언어에 따라서 목록도 다르고 내용도 다르고 중요도도 다르다. 이와 같은 운소 차이로 인하여 외국어를 학습할 때 다양한 어려움을 겪게 된다. 최정순(2014 : 372)에서는 "운율韻律 *prosody* 이란 소리의 높낮이 pitch, 크기, 길이, 휴지 pause 등을 포괄하는 화자의 심리적 요인이다"라고 하면서 억양抑揚 *intonation* 과 장단長短 *length* 에서 한국어 자료를 예로 제시하고 있다. 한국 언어사회에서 억양과 길이는 의미 변별 기능이 있으므로 운소로

본 것이다. 억양은 평서문의 억양, 의문문의 억양, 명령문의 억양으로 제시하고 장단은 긴 소리와 짧은 소리로 나누고 있다.

◆ David Crystal (1995 : 248)에서는, 운소와 유사한 개념으로, 운율韻律 *prosody* 또는 운율 자질韻律資質 *prosodic features*을 제시하고 있다 : "The chief possibilities are dictated by the main auditory properties of sound : *pitch, loudness,* and *speed.* These properties, used singly or in combination (in the form of *rhythm*), and accompanied by the distinctive use of silence (in the form of *pause*), make up the *prosody* or *prosodic features* of the language."

◆ 『표준국어대사전』에서는 운소에 대한 정보를 다음과 같이 제시하고 있다.

> **운소02(韻素)**[운:-] 「명사」 「언어」
>
> 단어의 의미를 분화하는 데 관여하는 음소 이외의 운율적 특징. 소리의 높낮이, 길이, 세기 따위가 있다. ≒비분할 음소 · 상가음소 · 운율 음소 · 운율 음운.

◆ 운소에 속하는 자질로는 연접, 강세, 억양, 성조 등이 있는데 운소 자질은 서로 관련되기 때문에 학자에 따라 용어나 개념에도 차이가 있다. 『표준국어대사전』과 Wikipedia에서 제시한 정보를 바탕으로 다시 정리하면 다음과 같다.

- 연접 連接 *pause* : 발화 發話 가운데 오는 경계 또는 휴지로 한국어에서는 의미 차이를 구별해 주는 기능을 한다. 예컨대 {아기가 방에 들어간다-아기가방에 들어간다}의 의미 차이를 인지할 수 있다.
- 강세 强勢 *stress* : 연속된 음성에서 어떤 부분을 강하게 발음하는 것으로 단어 음절 강세에 초점을 둔 어휘 강세 *lexical stress*, 문장 곧 운율 단위 *prosodic unit* 에 초점을 둔 운율 강세 *prosodic stress* 등이 있다. 예컨대 영어 단어에서는 특정한 음절을 강조하기 위하여 한 단어에 제1 강세, 제2 강세를 두기도 한다.
- 억양 抑揚 *intonation, pitch* : 음흡 의 상대적인 높이를 변하게 하는 것으로 음절 억양, 단어 억양, 문장 억양 등이 있다. 예를 들면 올리는 억양 [↗], 내리는 억양 [↘], 내렸다 올리는 억양 [↘↗], 올렸다 내리는 억양 [↗↘] 등이 있다.
- 성조 聲調 *tone* : 음절 안에서 나타나는 소리의 높낮이. 단어의 뜻을 분화하는 변별적 기능을 가진다. 중국어 사성이 이에 속하기 때문에 중국어를 성조 언어 *tone language* 라 하기도 한다. 예를 들면 다음과 같이 성조에 따라서 어휘 항목의 의미가 다르다 : 1.mā (媽/妈) 'mom/mum' 2.má (麻/麻) 'hemp' 3.mǎ (馬/马) 'horse' 4.mà (罵/骂) 'scold' 5.ma (嗎/吗) (an interrogative particle).

◆ 앞선 연구에 따르면, 길이 또는 장단 長短 *length*, 휴지, 성조, 억양 등을 한국어 운소 목록에 넣을 수 있다. 그러나 한국 언어사회와 실제 언어생활 속에서 억양을 제외한 운소 목록은 매우 제한적으로 사용된다. 장단은 주로 사전이나 교과서에서 찾을 수 있고 (장단에 대한 한국어 사용자의 인지도는 점차 낮아지고 있다), 휴지는 제한된 자료나 예문에서만 찾

을 수 있고, 성조는 특정 방언 또는 특정 언어사회에서 몇 가지 예만 찾을 수 있다. 따라서 한국어 사용자가 가장 많이 사용하는 운소 목록은 문장의 마지막을 올리는 의문문 억양이라 할 수 있다. 그러나 어문 규정에서는 모음의 길이를 운소로 인정하고 있다. 특히 음운 변동에서 실현되는 단모음화 短母音化 와 장모음화 長母音化 에서 [±길이]를 논의하고 있다. 여기에서 사용하는 [±]는 자질의 절대적인 유무를 가리키는 것이 아니라 상대적인 유무를 가리키는 부등호 <, >로 이해하는 것이 적절하다. 이분법 二分法 *dichotomy* 으로 [길이] 자질이 [있다] 또는 [없다]로 설명하기는 어렵다. 이와 같은 해석은 모음이나 자음을 변별하는 자질을 이해할 때도 필요하다.

- ⊚ 성조는 단어 층위 單語 層位 *word level* 에서 실현되고 억양은 문장 층위 文章 層位 *sentence level* 또는 담화 층위 談話 層位 *discourse level* 에서 실현된다는 점에서 차이가 있다. 따라서 한국 언어사회에서 단어의 성조는 찾을 수 없지만 억양은 의문문이나 감탄문 등에서 부분적으로 인지할 수 있다.

- ⊚ 이진호(2009 : 58-61)에서는 운소 체계에서 장단, 고저(=성조), 억양을 제시하고 있다. 한편, 박종덕(2008 : 70-74)에서는 어휘에 관여하는 길이, 세기, 높이와 문장에 관여하는 억양을 한국어의 초분절음으로 제시하고 있다.

? 다음 자료에서 의미를 변별해주는 음운을 찾아 보자.

> ㄱ. '굴, 꿀, 둘, 물, 불, 술, 줄, 풀'의 의미 변별 음운 :
> ㄴ. '발, 벌, 볼, 불'의 의미 변별 음운 :
> ㄷ. '박, 밖, 반, 발, 밤, 방, 밭'의 의미 변별 음운 :
> ㄹ. "가니?"와 "자니?"에서 어떤 음운이 두 단어의 의미를 다르게 만드는가?

? 음성과 음운 측면에서 다음 자료에 대하여 생각해 보자.

> ㄱ. '불'과 '뿔'은 의미가 다르지만, '버스'와 '뻐스'는 의미가 달라지지 않는
>   다. 이유는 무엇인가?
> ㄴ. '디, 티, 띠'는 의미가 다르지만, 외국어 'theory'는 '디오리', '티오리',
>   '띠오리' 등으로 발음해도 의미가 달라지지 않는다. 이유는 무엇인가?

2부
한국어 음운과 음절

05 한국어 모음 목록과 특징
06 한국어 자음 목록과 특징
07 한국어 음설 구성 방법

05. 한국어 모음 목록과 특징

◆ 모음母音 *vowels* 은 말소리 체계를 구성하는 하나의 단위로 음절을 이루는 특성이 있다. 특히 한국어 음절은 하나의 단모음 또는 이중 모음으로 구성되는 특징이 있다. 예를 들면 {나, 감, 책, 등}은 하나의 단모음이 있는 1음절어이고, {노래, 바다, 바람}은 단모음 두 개가 쓰인 2음절어이고, {어머니, 아버지, 진달래}는 단모음 세 개가 쓰인 3음절어이다. 한국어에서는 모음 수를 바탕으로 음절을 세거나 음절수를 확인하는 것이 어렵지 않다. 그러나 모든 언어에서 모음이 이와 같은 기능을 하는 것은 아니다. 한편 모음은 조음 과정에서 장애를 받지 않고 소리가 난다. 따라서 학자에 따라서는 어디에도 닿지 않고 홀로 나는 소리라 하여 홀소리라 부르기도 한다.

⊙ 박종덕(2008 : 23-24)에서는 홀소리와 모음의 쓰임새를 다음과 같이 나누기도 하였다 : 홀소리는 음운론적 차원의 술어이고, 모음은 음성학적 차원의 술어이다.

◆ 국립국어원『표준국어대사전』에서는 모음에 대하여 다음과 같은 정보를 제공하고 있다.

모음02(母音)[모:-] 「명사」 『언어』

성대의 진동을 받은 소리가 목, 입, 코를 거쳐 나오면서, 그 통로가 좁아지거나 완전히 막히거나 하는 따위의 장애를 받지 않고 나는 소리. 'ㅏ', 'ㅑ', 'ㅓ', 'ㅕ', 'ㅗ', 'ㅛ', 'ㅜ', 'ㅠ', 'ㅡ', 'ㅣ' 따위가 있다. ≒모운01(母韻)·홀소리01.

◆ 한국어 모음의 특징을 구체적으로 밝히기 위하여 한국어 자음子音 *consonants* 특징과 비교하여 살펴보기로 한다.

분류	모음	자음
조음 과정	성문을 통과한 공기의 흐름이 어디서도 막힘이나 방해를 받지 않고 생성되는 소리	성문을 통과한 공기가 입 밖으로 나오면서 어디선가 막히거나 닿아서 공기의 흐름이 장애를 받으면서 생성되는 소리
조음 위치	소리 자체는 발성부에서 나고, 조음 기관 전체를 울림통으로 이용하는 특징이 있다.	장애를 받는 위치와 조음 방법에 따라서 분류하는 특징이 있다.
소릿값	입이 열리는 정도, 입술 모양, 혀의 위치에 따라서 소릿값이 달라지지만 성대가 울려서 유성음이 생성되는 특징이 있다.	조음 위치와 조음 방법에 따라서 소릿값이 정해지지만 언제나 모음에 기대어 소리가 난다.
성절성	음절을 구성할 수 있는 소리이다. 예) ㅏ, ㅓ, ㅗ, ㅜ	음절을 구성하기 어려운 소리이다. 예) ㄱ, ㄴ, ㄷ, ㄹ

⊙ 이와 같은 특징으로 인하여 발성 연습을 할 때는 주로 모음을 활용하고, 한국어 자음을 학습할 때는 모음과 함께 연습을 한다. 예를 들면, {가나다라마바사} 등과 같이 모음을 넣어 학습한다. 북한에서는 {그느드르므브스}를 활용하여 자음을 가르치기도 한다.

⊙ 모음은 말소리 생성에 크게 기여하지만, 각 언어의 모음을 학습하는 것이 쉽지는 않다. 모음은 자음과 달리 조음 위치나 조음 방법이 뚜렷하지 않고, 입술 모양, 혀의 위치나 높이도 상대적으로 달라지기 때문이다. 그 결과 한국어 교육 현장에서도 모음 교육을 강조하기도 한다. 한 예로 이효정(2012 : 143)에서 제시한 /오/와 /우/ 발음 교육 방법을 소개하기로 한다.

• 교사는 OK 손 모양을 하면서 동그란 손 모양처럼 입술을 오므리라고 제시한다.
• 이후 글자 /오/에는 손가락 색과 같은 갈색을 부여하여 교실에 붙여 두며 수시로 그 소리를 연습한다.
• 학습자는 정확하게 발음하는 법을 글자 모양과 함께 이미지화하여 입력한 후 수시로 연습한다.

• 교사는 입술이 이동하는 그림을 반복적으로 보여 준다. 그리고 입술을 내밀어 윗입술이 코에 닿는 시늉을 하고 [우]라고 발음한다.
• 이후 글자 /우/에는 입술 색인 빨간색을 부여하여 교실에 붙여 두며 수시로 그 소리를 연습한다.
• 학습자는 정확하게 발음하는 법을 글자 모양과 함께 이미지화하여 입력한 후 수시로 연습한다.

◆ 한국어 표준어 모음 목록은 다음과 같이 21개이다(어문 규정 : 국립국어원 홈페이지 참조).

> /ㅏ, ㅐ, ㅑ, ㅒ, ㅓ, ㅔ, ㅕ, ㅖ, ㅗ, ㅘ, ㅙ, ㅚ, ㅛ, ㅜ, ㅝ, ㅞ, ㅟ, ㅠ, ㅡ, ㅢ, ㅣ/
>
> /ㅏ ㅐ ㅓ ㅔ ㅗ ㅚ ㅜ ㅟ ㅡ ㅣ/는 단모음(單母音, monophthongs, pure vowels)으로 발음하고, /ㅑ ㅒ ㅕ ㅖ ㅘ ㅙ ㅛ ㅝ ㅞ ㅠ ㅢ/는 이중 모음(二重 母音, diphthons)으로 발음한다. 그러나 /ㅚ, ㅟ/는 이중 모음(二重 母音)으로 발음할 수 있다.
>
> [참고] / /는 필자가 음운임을 밝히기 위하여 사용한다.

◉ 한국어 모음 목록에는 없지만 {player, fire, royal, tower, lower}와 같
은 단어에서는 삼중 모음三重母音 triphthongs 을 찾을 수 있다.

◆ 어문 규정에서는 한국어 단모음 목록에 속하는 10개의 모음을 세 가
지 기준(혀의 위치, 입술 모양, 혀의 높낮이)으로 구분하여 체계화하고
있다(어문 규정 : 국립국어원 홈페이지, 신현숙, 2012 : 196 참조).

구분	전설모음		후설모음	
	평순모음	원순모음	평순모음	원순모음
고모음	ㅣ[i]	ㅟ[y]	ㅡ[ɨ]	ㅜ[u]
중모음	ㅔ[e]	ㅚ[ø]	ㅓ[ə]	ㅗ[o]
저모음	ㅐ[ɛ]		ㅏ[a]	

◆ 모음을 분류하는 기준은 크게 세 가지로 나눌 수 있다.

혀의 높낮이	ㄱ. 모음을 생성할 때 혀가 가장 높이 올라가는 부분을 기준으로 삼는다. ㄴ. 혀의 높낮이는 입이 벌어지는 정도, 곧 개구도開口度와 관련지어 고모음, 중모음, 저모음으로 분류할 수 있다.		
	혀의 높이	모음	개구도
	높음	고모음	폐모음
	중간	중모음	반폐모음
			반개모음
	낮음	저모음	개모음
혀의 위치	ㄱ. 조음할 때 혀의 어디쯤이 가장 높아지느냐를 기준으로 삼는다. ㄴ. 전설모음, 중설모음, 후설모음으로 구분할 수 있다.		
입술 모양	입술 모양에 따라 원순모음과 평순모음으로 구분할 수 있다.		

◉ 언어에 따라서는 코를 통해 조음하는 비음모음 *nasal vowels* 과 입을 통해 조음하는 구음모음 *oral vowels* 으로 나누기도 하지만 한국어, 영어에서는 비음모음이 없다 (David Crystal, 1995 : 238). 따라서 한국어에서는 [± 비음]을 기준으로 모음을 분류하지 않는다.

◆ 모음을 분류하거나 측정하는 데 가장 많이 활용되는 기준은 앞(02)에서 논의한 기본모음이다. 기본모음 사각도는 구강 구조를 바탕으로 그려져서 조음 위치, 개구도를 쉽게 이해할 수 있다. 한국어 단모음을 기본모음 사각도에 표기한 자료와 기본모음 사각도를 함께 제시하면 다음과 같다. 그러나 한국어 모음이 기본모음과 같은 자리에서 생성되는 것은 아니다. 예를 들면, 한국어 모음 / ㅣ /와 기본모음 1번 / i /가 조음 위치, 혀 높이, 입술 모양 등이 유사한 범주에서 생성되는 모음이기는 하지만 같은 소릿값을 가진 같은 음운은 아니다.

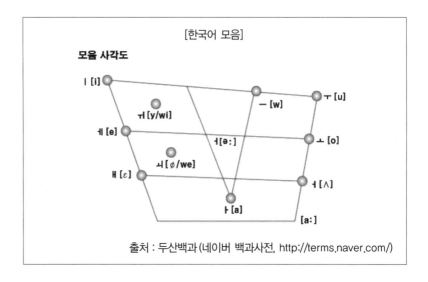

출처 : 두산백과 (네이버 백과사전, http://terms.naver.com/)

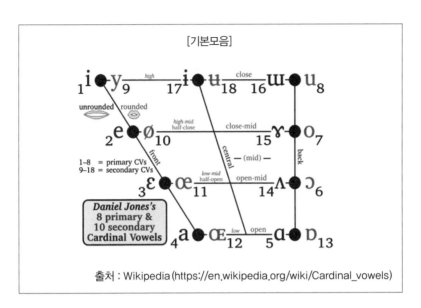

[기본모음]

출처 : Wikipedia (https://en.wikipedia.org/wiki/Cardinal_vowels)

[참고자료] 전설모음 /i, e, ɛ, a/(좌)과 후설모음 /u, o, ɔ, ɑ/의 혀의 높낮이

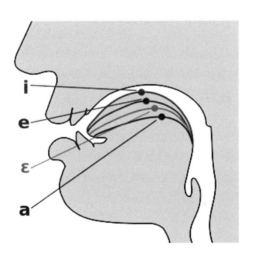

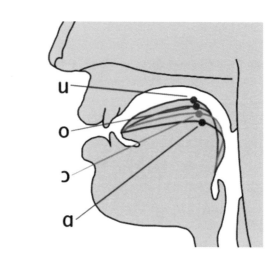

출처 : Wikipedia (https://en.wikipedia.org/wiki/Cardinal_vowels)

◆ 한국어 모음 목록은 단모음과 이중 모음으로 나눌 수 있다. 단모음은 청취 과정에서 처음과 끝이 같은 모음으로 인지되고, 조음 과정에서 시간이 지나도 입술 모양이나 혀의 움직임이 고정되는 특징이 있다. 한편, 이중 모음은 처음과 끝에서 다른 두 모음의 특징을 인지할 수 있고, 조음 과정에서 시간 흐름과 함께 혀가 움직이거나 입술 모양이 변하는 특징이 있다. 그러나 이중 모음에서 두 모음의 소릿값을 그대로 인지하기는 어렵다. 곧 두 모음을 하나의 모음처럼 축약시켜 조음하기 때문에 두 모음 중하나는 반모음으로 인지된다. 다음 그림에서 / ㅏ /는 단모음이고 / ㅑ, ㅒ /는 이중 모음이다.

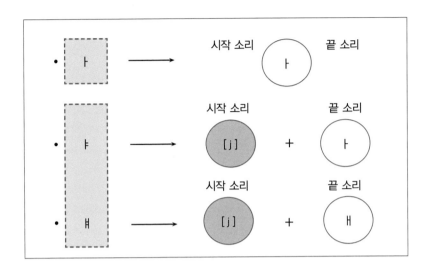

◆ 학계에서는 일반적으로 한국어 이중 모음에 대하여 반모음半母音 semivowel이 앞에 오고 주모음主母音이 뒤에 오는 것으로 설명한다. 곧 한국어 이중 모음은 상향 이중 모음으로 설명한다.

소리 형태	→	딸린 소리	+	주 소리
이중 모음	→	반모음	+	주모음
[ㅑ]	→	[j]	+	[ㅏ]
[ㅘ]	→	[w]	+	[ㅏ]

◆ 반모음은 처음 시작은 모음처럼 하지만 모음과는 달리 음절을 이루지 못하고 지속성도 없어 다른 모음 자리로 옮겨 가는 성질이 있다. 음절을 이루지 못한다는 점에서 자음 특징이 있다고 보아 반자음으로 보는 학자도 있다. 박종덕(2008 : 25)에서는 반모음류로 다음과 같은 용어를 제시하고 있다 : 반모음, 반자음, 과도음, 활음, 이동음, 부음. 그러나 한국어 학계에서는 반모음을 음운 목록에 넣지 않는다.

◆ David Crystal(1995 : 242)에서는 반모음의 특성을 다음과 같이 논의하고 있다 : "The distinction between consonant and vowel is fundamental, but some sounds sit uneasily between two, being articulated in the same way as vowels, but functioning in the language in the same way as consonants. /j/ as in *yes* and /w/ as in *we* are like this." 그러나 한국어에서는 /j/와 /w/가 음운 목록에 들어 있지 않기 때문에 음성 기호를 활용하여 [j]와 [w]로 표기한다.

◆ 『표준국어대사전』에서는 반모음에 대한 정보를 다음과 같이 제시하고 있다. 사전 정의에 따르면 반모음은 이중 모음에 선행하는 모음으로 본다.

반-모음(半母音) [반ː—] 「명사」 「언어」
모음과 같이 발음하지만 음절을 이루지 못하는 소리. 'ㅑ', 'ㅛ', 'ㅠ', 'ㅒ', 'ㅖ', 'ㅘ', 'ㅙ', 'ㅝ', 'ㅞ' 따위의 이중 모음에서 선행음으로 나는 'j', 'w' 따위이다. ≒반홀소리.

◆ 사전 정보를 바탕으로 이중 모음은 크게 두 가지 반모음 계열로 정리할 수 있다.

이중 모음	/ㅑ ㅒ ㅕ ㅖ ㅘ ㅙ ㅛ ㅝ ㅞ ㅠ ㅢ/
[j]계	ㄱ. 모음 /ㅣ/와 비슷하나 그 길이가 훨씬 짧고 혀의 위치도 더 높은 평순 경구개 반모음 ㄴ. [j]계 이중 모음 : ㅑ[ja], ㅕ[jʌ], ㅛ[jo], ㅠ[ju], ㅖ[je], ㅒ[jɛ]
[w]계	ㄱ. 모음 /ㅜ/와 비슷하나 그 길이가 훨씬 짧고 조음 위치가 연구개 쪽에 더 가까워서 원순 연구개 반모음 ㄴ. [w]계 이중 모음 : ㅘ[wa], ㅝ[wʌ], ㅙ[wɛ], ㅞ/(ㅚ)[we], (ㅟ[wi]) [참고] 밑줄을 그은 /ㅚ, ㅟ/는 단모음 범주에서도 논의한다

◆ /ㅢ/는 국어 어문 규정에 따르면, 이중 모음으로 발음하는 것이 원칙이지만, 놓이는 환경에 따라서 단모음으로도 발음한다. 특히 자음을 첫소리로 가지고 있는 음절에서는 단모음 /ㅣ/로 발음하고, 실제 언어생활에서는 '의사'나 '의리'를 [으사], [으리]로 발음하는 경우도 있다. 이러한 이유로 /ㅢ/를 단모음 [ㅡ[ɨ]]와 반모음 [ㅣ[j]]가 연결된 하향 이중 모음으로 보는 견해도 있고(/ㅡ/를 주모음으로 보는 견해), 반모음 [ㅡ[ɰ]]와 단모음 [ㅣ[i]]가 연결된 상향 이중 모음으로 보는 견해도 있다(/ㅣ/를 주모음으로 보는 견해). 또한 반모음과 주모음의 구별이 어려운 수평 이중 모음으로 보는 견해도 있다.

◆ 어문 규정 표준 발음법에서는 이중 모음 /ㅢ/에 대한 정보를 다음과 같이 제공하고 있다.

제5항 'ㅑ ㅒ ㅕ ㅖ ㅘ ㅙ ㅛ ㅝ ㅞ ㅠ ㅢ'는 이중 모음으로 발음한다.

다만 3. 자음을 첫소리로 가지고 있는 음절의 'ㅢ'는 [ㅣ]로 발음한다.
　　　닐리리　닝큼　무늬　띄어쓰기　씌어　틔어　희어　희떱다　희망　유희

다만 4. 단어의 첫음절 이외의 '의'는 [ㅣ]로, 조사 '의'는 [ㅔ]로 발음함도 허용한다.
　　　주의[주의/주이]　　　　　협의[혀/혀비]
　　　우리의[우리의/우리에]　　강의의[강ː의의/강ː이에]

? 한국어 모음 체계를 정리해 보자.

? 말소리는 어떤 기준으로 어떻게 분류할 수 있을까?

? 모음은 어떤 특징이 있을까?

? 다음 자료를 구별하여 발음해 보자.

> ㄱ. 대[竹]로 만든 지팡이/배 아픈 데 먹는 약
> ㄴ. 사랑의 매/메로 떡을 치다
> ㄷ. 어른 같은 애/에, 그게 뭐였더라?

? 이중 모음 /ㅢ/가 다음 자료에서 어떻게 발음될 수 있는지 적어 보자.

> ㄱ. 의사의 의리
> ㄴ. 민주주의의 의의
> ㄷ. 의지할 수 있는 의사

06. 한국어 자음 목록과 특징

◆ 자음은 조음 과정에서 장애를 받는 소리로 음절을 이루지 못하는 특징이 있다(앞 (05)에서 제시한 모음과 비교한 특징 참조). 자음은 조음 위치調音位置 *place of articulation*와 조음 방법調音方法 *manner of articulation*을 기준으로 분류할 수 있다. 그러나 학자에 따라서 하위 범주와 범주명은 매우 다양하여 교육 현장에서는 어려움이 따르기도 한다. 박종덕(2008 : 87 – 90)에 따르면 학자마다 자음 분류 체계도 다르고 범주명도 다르다. 예를 들면, 조음 위치를 기준으로 한 범주 '양순음'을 '양순음소' 또는 '입술'로 명명하기도 하고, 조음 방법을 기준으로 한 범주에서 '공명음' 또는 '설측음'을 사용한 학자도 있다.

• 조음^위치調音位置『언어』: 자음이 만들어질 때 공기의 흐름이 장애를 받는 위치.
• 조음^방법調音方法『언어』: 자음이 만들어질 때 공기의 흐름이 장애를 받는 방법.
• 공명 – 음共鳴音[공ː – –]『언어』: 성대를 떨게 한 공기가 구강이나 비강으로 흘러나갈 때 덜 막혀 울리는 소리. 장애음에 상대하여 이

르는 말로 모음, 반모음, 유음, 비음을 이른다.

- 설측-음舌側音『언어』: 혀끝을 윗잇몸에 아주 붙이고, 혀 양쪽의 트인 데로 날숨을 흘려 내는 소리. '쌀', '길' 따위의 'ㄹ' 음이다. (국립국어원『표준국어대사전』참조)

◆ 한국어 표준어 자음 목록은 다음과 같이 19개이다(어문 규정 : 국립국어원 홈페이지 참조).

ㄱ ㄲ ㄴ ㄷ ㄸ ㄹ ㅁ ㅂ ㅃ ㅅ ㅆ ㅇ ㅈ ㅉ ㅊ ㅋ ㅌ ㅍ ㅎ					
구분	양순음	치조음	경구개음	연구개음	후음
평음	ㅂ	ㄷ, ㅅ	ㅈ	ㄱ	
격음	ㅍ	ㅌ	ㅊ	ㅋ	ㅎ
경음	ㅃ	ㄸ, ㅆ	ㅉ	ㄲ	
비음	ㅁ	ㄴ		ㅇ	
유음		ㄹ			

◆ 한국어 자음이 생성되는 조음 위치를 살펴보면 다음과 같다. 능동부能動部 *active articulator*는 음운이 음성으로 실현될 때 적극 관여하는 입술이나 혀와 같은 조음체이고, 고정부固定部 *passive articulator*는 조음

체가 닿는 조음점이라 할 수 있다. 발음 기관은 위키백과에서 따온 것이다(출처 : 위키백과 https://ko.wikipedia.org).

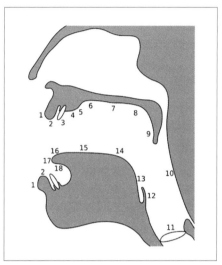

고정부	능동부	
1, 2. 윗입술	1, 2. 아랫입술	
3. 윗니 뒤쪽	허끝	17. 설첨
4, 5. 잇몸		16. 설단
6, 7. 경구개	혓몸	15. 전설
8. 연구개		14. 후설
9. 목젖	13. 허뿌리	
10. 인두벽	12. 후두개, 후두덮개	
11. 목청	11. 목청, 성문	

◆ 『표준국어대사전』에서는 자음에 대하여 다음과 같은 정보를 제시하고
있다.

자음01(子音) 「명사」 『언어』

목, 입, 혀 따위의 발음 기관에 의해 구강 통로가 좁아지거나 완전히 막히는 따위
의 장애를 받으며 나는 소리. 자음은 조음 위치와 조음 방법에 따라서 분류할 수
있는데, 국어의 경우에 조음 위치에 따른 자음의 부류는 양순음(ㅂ, ㅃ, ㅍ, ㅁ), 치
조음(ㄷ, ㄸ, ㅌ, ㅅ, ㅆ, ㄴ, ㄹ), 경구개음(ㅈ, ㅉ, ㅊ), 연구개음(ㄱ, ㄲ, ㅋ, ㅇ), 성
문음(ㅎ)이 있으며, 조음 방법에 따른 부류는 파열음(ㅂ, ㅃ, ㅍ, ㄷ, ㄸ, ㅌ, ㄱ, ㄲ,
ㅋ), 파찰음(ㅈ, ㅉ, ㅊ), 마찰음(ㅅ, ㅆ, ㅎ), 유음(ㄹ), 비음(ㄴ, ㅁ, ㅇ)이 있다. ≒닿
소리·부음01.

◆ 조음 위치에 따라 한국어 자음을 분류하면 다음과 같다. 학계에서 사
용 빈도가 높은 용어 정보도 함께 제시하기로 한다.

용어			고정부	능동부	한국어 자음
고유어	한자어	영어			
입술소리	순음 脣音 양순음 兩脣音	bilabial	윗입술	아랫입술	ㅂ, ㅃ, ㅍ, ㅁ
잇몸소리 혀끝소리	치조음 齒槽音 치경음 齒莖音 설단음 舌端音	alveolar	잇몸	혀끝	ㄷ, ㄸ, ㅌ, ㄴ ㅅ, ㅆ, ㄹ
센입천장소리	경구개음 硬口蓋音	palatal	센입천장	혀의 앞쪽	ㅈ, ㅉ, ㅊ

용어			고정부	능동부	한국어 자음
고유어	한자어	영어			
여린입천장소리	연구개음 軟口蓋音	velar	여린입천장	혀의 뒤쪽	ㄱ, ㄲ, ㅋ, ㅇ
목청소리	후음喉音 후두음喉頭音 성문음聲門音	glottal	목청		ㅎ

◆ 조음 방법에 따라 한국어 자음을 분류하면 다음과 같다. 여기에서도 용어에 대한 정보를 함께 제시한다.

파열음 정지음 폐쇄음	조음 과정	능동부와 고정부의 폐쇄→폐쇄·지속→파열 과정에서 조음된다.
	음운	ㅂ, ㅃ, ㅍ / ㄷ, ㄸ, ㅌ / ㄱ, ㄲ, ㅋ
	특징	한국어 자음 목록 9개가 이 범주에 속하고 실제 언어생활에서도 사용 빈도가 높은 범주이다.
마찰음	조음 과정	능동부와 고정부의 접근→마찰·지속→개방 과정에서 조음된다.
	음운	ㅅ, ㅆ, ㅎ
	특징	한국어 자음 목록 3개가 이 범주에 속하고 파열음과 비교하면 사용 빈도가 상대적으로 낮다.

파찰음	조음 과정	능동부와 고정부의 폐쇄→마찰+파열 과정에서 조음된다.
	음운	ㅈ, ㅉ, ㅊ
	특징	파열음과 마찰음의 특징을 함께 인지할 수 있는 범주로 한국어 자음 목록 3개가 이에 속한다.
비음	조음 과정	능동부와 고정부의 폐쇄→폐쇄·지속→파열 또는 개방 과정에서 조음된다.
	음운	ㅁ, ㄴ, ㅇ
	특징	파열음과 같이 폐쇄와 파열 과정에서 조음되지만 파열음과는 달리 코 안에서 울리는 특징이 있다.
유음	조음 과정	능동부와 고정부가 살짝 닿거나 그 사이를 통하여 공기 흐름이 생기면서 조음된다.
	음운	ㄹ
	특징	다른 자음과는 달리 입 안에서 울리는 특징이 있어서 모음과 가장 가까운 자음으로 인지된다.

◉ 파열음破裂音 *plosive*은 폐에서 나오는 공기가 완전히 폐쇄되었다가 터져 나오면서 나는 소리이다. 여기에서 폐쇄 작용에 초점을 두어 폐쇄음閉鎖音 또는 정지음停止音 *stop sound*이라는 명칭을 쓰기도 한다.

◆ 조음 위치와 조음 방법을 기준으로 현대 국어의 자음 체계는 다음과 같이 정리할 수 있다.

조음 위치 / 조음 방법			두 입술	윗잇몸 혀끝	센입천장 혓바닥	여린입천장 혀 뒤	목청 사이
			양순음	치조음	경구개음	연구개음	후음
파열음	평음	예사소리	ㅂ	ㄷ		ㄱ	
	경음	된소리	ㅃ	ㄸ		ㄲ	
	격음	거센소리	ㅍ	ㅌ		ㅋ	
파찰음	평음	예사소리			ㅈ		
	경음	된소리			ㅉ		
	격음	거센소리			ㅊ		
마찰음	평음	예사소리		ㅅ			ㅎ
	경음	된소리		ㅆ			
비음		콧소리	ㅁ	ㄴ		ㅇ	
유음		흐름소리		ㄹ			

? 자음은 어떤 특징이 있을까?

? 모음 특징과 자음 특징을 함께 가지고 있는 소리는 없을까?

? 한국어 자음 목록과 자음 체계를 조사해 보자.

? 최근 사용 빈도가 높은 자음 목록 5개를 찾아 보자.

07. 한국어 음절 구성 방법

◆ 음절音節 *syllable* 은 말소리를 구성하는 하나의 단위이다. 앞(06과 07)에서 논의한 바와 같이 한국어 모음은 음절을 구성하지만 한국어 자음 하나만으로는 음절을 구성하지 못한다. 모음 중에서도 반모음은 음절을 구성하는 데 직접 관여하지 않는다. 따라서 한국어 음절은 최소 하나의 모음이 있어야 구성된다. 이에 따라 한국어에서 음절수는 모음의 수와 일치한다. 자음과 모음을 따로 분석하기는 하지만 한국어 사용자가 실제 언어생활에서 적용하는 최소 단위는 음절이다. 특히 한글은 /ㅈㅏㅇㅁㅣ/ 처럼 풀어쓰지 않고 {장미}와 같이 모아쓰기 때문에 음절 단위는 실제 말하기나 듣기에서도 중요하지만 읽기나 쓰기에서도 중요한 단위이다.

◆『표준국어대사전』에서는 음절을 "하나의 종합된 음의 느낌을 주는 말소리의 단위"로 정의하였고, 이진호(2009 : 85)에서는 "음절音節 syllable 은 음소보다 크고 단어보다는 작은 단위로 독립해서 발음할 수 있는 최소 단위"라 하였다. 한편, Wikipedia에서는 "A syllable is a unit of organization for a sequence of speech sounds. For example, the word water is composed of two syllables : wa and ter."로 제시하고 있다.

◆ 한국어 음절 구성 방법은 다음과 같이 정리할 수 있는데, 〈표〉에서 보는 바와 같이 우리는 모든 음절에서 모음을 확인할 수 있다. 한편 자음, 반모음 또는 자음과 반모음만으로 구성된 음절은 찾을 수 없다.

음절 구성							
(자음 *consonant* (C)) + (반모음 *semivowel* (SV)) + 모음 *vowel* (V) + (자음 *consonant* (C))							
V	SV+V	C+V	C+SV+V	V+C	SV+V+C	C+V+C	C+SV+V+C
아, 어	여, 와	가, 자	겨, 규	악, 옥	역, 욕	곡, 잠	격, 곽

◆ 강옥미(2003 : 328)에서는, 한국어의 음절 유형을 개음절 *open syllable* 유형(V, CV, CVV)과 폐음절 *closed syllable* 유형(VC, CVC, GVC, CGVC, CVVC)으로 나누어 제시하고 있다. 여기에서 C=자음, V=모음, G=반모음으로 볼 수 있다.

◆ 위에 제시한 〈표〉를 보면, 한국어 자음 목록과 한국어 모음 목록이 자유롭게 결합하여 음절을 구성하는 것처럼 보인다. 그러나 실제 한국 언어 사회에서 모든 자음과 모음이 자유롭게 음절을 구성하는 것은 아니다. 예컨대 현대 한국어 음절을 구성할 때는 다음과 같은 제약이 따른다(이문규, 2010 : 102 – 105 참조).

① 음절은 단모음 하나에, 초성 자음과 반모음이 각각 0개 또는 1개, 종성 자음이 0개 또는 1개로 구성된다.

ㄱ. 초성 자리에 자음이 둘 이상 오는 소리 연쇄는 음절을 구성하지 못한다.

ㄴ. 모음이 없는 소리 연쇄는 음절을 구성하지 못한다.

ㄷ. 종성 자리에 자음이 둘 이상 오는 소리 연쇄는 음절을 구성하지 못한다.

⇒ 영어에서는 초성 자리에 자음 연쇄가 올 수 있다(sports, stop, screw, know 등).

② 자음 /ㅇ[ŋ]/는 음절을 구성하는 초성 자리에 올 수 없다.

⇒ /악, 앙/에서 초성처럼 보이는 /ㅇ/은 /ㅇ[ŋ]/이 아니다.

③ 음절의 종성 자리에는 일곱 개의 자음만 올 수 있다 : /ㄱ, ㄴ, ㄷ, ㄹ, ㅁ, ㅂ, ㅇ/

⇒ 음절 말, 종성 자리에 오는 모든 자음은 파열되지 않는다.

④ 음절의 초성 자리에 자음이 오면 중성 자리에 이중 모음 /ㅢ/가 올 수 없다.

⇒ 한국어에서 자음 다음의 /ㅢ/는 현실적으로 모두 [ㅣ]로 발음된다
: 무늬[무니]

⑤ 자음 /ㅈ, ㅉ, ㅊ/ 뒤에는 [j]계 이중 모음 /ㅑ, ㅕ, ㅛ, ㅠ, ㅖ, ㅒ/가 실현될 수 없다.

⇒ 경구개 자음 뒤에서는 경구개 반모음이 필수적으로 탈락된다.

◉ 이문규(2010 : 102 - 105 참조)에서는 현대 국어의 음절 구성 제약을 두 가지 유형으로 나누어 제시하고 있다.

◆ 박기영(2014 : 350)에서는, 음절 구조 유형으로 '/의/ 유형(GV)'을 따로 설정하여 9개 유형을 제시하고, 다음과 같은 음절 구조 제약을 밝히고 있다.

(1) 초성 제약

ㄱ. 초성에 올 수 있는 자음의 수는 1개이다.

ㄴ. 'ㅇ' [ŋ]은 초성에 올 수 없다.

(2) 중성 제약

ㄱ. 중성에 올 수 있는 하강 이중 모음은 'ㅢ'밖에 없다.

(3) 종성 제약

ㄱ. 종성에 올 수 있는 자음의 수는 1개이다.

ㄴ. 'ㄱ, ㄴ, ㄷ, ㄹ, ㅁ, ㅂ, ㅇ' 이외의 자음은 종성에 올 수 없다.

(4) 중성과 종성의 연결에 대한 제약

ㄱ. 중성에 이중 모음 'ㅢ'가 오면 종성에는 자음이 올 수 없다.

◆ 학자에 따라서, 음절 구조 유형도 다르고 음절 구조 제약에도 차이가 있다. 뿐만 아니라 한국어 음절 구성 방법을 다른 언어에 적용하기도 어렵다. 예를 들어 한국어 학습자는 쉽게 음절을 학습하지만 영어 학습자는 상대적으로 음절을 학습하는 것이 쉽지 않다. 그 이유는 음절 구성 방법에 차이가 있기 때문이다. David Crystal (1995 : 246)에 따르면 영어의 음절 구조는 한국어와 차이가 있다. *I*(V), *eye*(V), *go*(CV), *up*(VC), *stops* (CCVCC), *screw*(CCCV)는 1음절이고, *despite* /dɪspaɪt/ (CVCCVC)는 2음절이고, *instances* /ɪnstansiz/ (VCCCVCCVC)는 3음절이다. 영어에서도 음절을 구성하는 데 모음이 크게 기여하지만 한국어 음절 구성 방법과는 다르다. 따라서 한국어 사용자는 영어를 표기할 때 한국어 음절 구성 방법을 적용한다 : 1 음절인 *I* 와 *eye* 를 2 음절어 /아이/로 표기한다.

◆ 한국어 음절을 구성하는 초성, 중성, 종성의 관계를 바탕으로 한국어 음절의 내부 구조는 다음과 같이 세 가지 유형으로 설명할 수 있다.

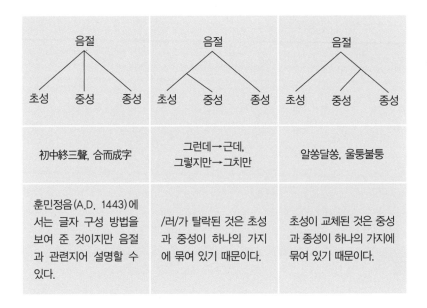

음절 초성　중성　종성	음절 초성　중성　종성	음절 초성　중성　종성
初中終三聲, 合而成字	그런데→근데, 그렇지만→그치만	알쏭달쏭, 울퉁불퉁
훈민정음(A.D. 1443)에서는 글자 구성 방법을 보여 준 것이지만 음절과 관련지어 설명할 수 있다.	/러/가 탈락된 것은 초성과 중성이 하나의 가지에 묶여 있기 때문이다.	초성이 교체된 것은 중성과 종성이 하나의 가지에 묶여 있기 때문이다.

◆ 한국 언어사회에서는 음절 수, 음절 구조에 대한 정보도 중요하지만 더 중요한 것은 음절 경계音節 境界 *syllable boundary*이다. 기저 음운 표시(사전 표제어)와 표면 음성 표시가 음절 경계에 따라서 변동이 일어난다. 특히 받침이 있는 음절, 겹받침이 있는 음절에서는 음절 경계에 대한 정보가 없으면 자연스러운 표면형을 구현하기 어렵다. 예컨대 기저형 /학교/에 대한 음절 경계 정보가 없으면 [하꾜]가 아닌 [학][교]로, /닭이/를 [달기]가 아닌 [닥이]로 표면형을 생성할 것이다. 이와 같은 현상은 한국어 교수–학습 현장에서 쉽게 발견할 수 있는 오류로 나타난다.

? {개나리꽃이 활짝 피었다}를 구성하는 음절을 적어 보자.

? 초성, 중성, 종성으로 구성된 한국어 음절을 적어 보자.

〈한국어 모음의 입술 모양〉

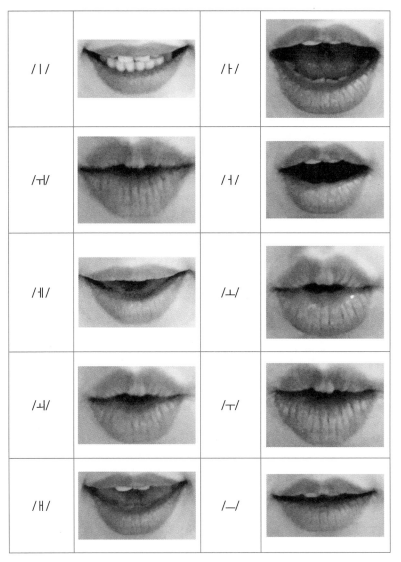

/ㅣ/		/ㅏ/	
/ㅟ/		/ㅓ/	
/ㅔ/		/ㅗ/	
/ㅚ/		/ㅜ/	
/ㅐ/		/ㅡ/	

〈사진 : 신현숙〉

〈한국어 자음의 조음 위치〉

양순음	/ㅂ, ㅃ, ㅍ/		경구개음	/ㅈ, ㅉ, ㅊ/	
	/ㅁ/		연구개음	/ㄱ, ㄲ, ㅋ/	
치조음	/ㄷ, ㄸ, ㅌ/			/ㅇ/	
	/ㅅ, ㅆ/		후음	/ㅎ/	
	/ㄴ/		반모음	[w]	
	/ㄹ/			[j]	

〈그림 : 작가 배정미〉 David Crystal (1995 : 244) 참조.

3부
한국어 음운 변동

08 음운 변동 현상과 규칙

09 음운 교체 현상과 규칙

10 평파열음화

11 비음화

12 유음화

13 구개음화

14 경음화

15 음운 축약 현상과 규칙

16 음운 탈락 현상과 규칙

17 음운 첨기 현상과 규칙

08. 음운 변동 현상과 규칙

◆ 앞(05, 06)에서 논의한 모음과 자음, 곧 하나의 음운이 언제나 같은 말소리로 실현되는 것은 아니다. 역사적인 요인, 사회적인 요인, 물리적인 요인, 또는 심리적인 요인 등 다양한 요인에 의해서 다양한 말소리로 실현된다. 예컨대, 훈민정음이 창제되면서 그에 따른 음운 체계가 실현되기도 하고, 표준어 교육이 시작되면서 방언의 음운 체계가 표준어 음운 체계로 실현되기도 하고, 외국어가 정착되면서 새로운 음운이 실현되기도 한다. 뿐만 아니라, 물리적인 환경이나 심리적인 상황에 따라서 음운 체계가 달라지기도 하고, 하나의 음운이 다른 말소리로 실현되기도 한다. 그 과정에서 음성이 달라지기도 하고, 음운이 달라지기도 하고, 그 결과로 단어가 달라지기도 하고 표기가 달라지기도 한다. 1단계에서는 음성이 달라지고 2단계에서는 음운이 달라지고 3단계에서는 형태가 변동하고 4단계에서는 단어 형식과 의미가 달라지기도 한다. 자료에 따라서는 1단계 변동 과정을 인지할 수도 있고 4단계 변동 과정을 인지할 수도 있다.

◆ 학계에서는, 역사나 시간 흐름 속에서 인지할 수 있는 통시적 음운 변화通時的 音韻 變化 *diachronic sound change* 현상과 시간 흐름보다는 상황

이나 조건 또는 한 시대의 언어사회나 언어 사용자에 따라서 일어나는 공시적 음운 변동 共時的 音韻 變動 *synchronic phoneme fluctuation* 현상을 나누어 논의한다. 학자에 따라서는 '변화'로 설명하기도 하고, '변동'으로 설명하기도 하고, '변화'나 '변동'이라는 용어를 사용하지 않고 '현상'으로 설명하기도 한다. 예를 들면 다음과 같다.

⊙ 이기문 외(2000 : 225)에서는 "역사적인 시간 경과에 따라 나타나는 통시적 변화 이외에, 공시적인 변화를 여기에 합쳐서 '음변화'라고 부를 경우도 있다. 이 경우 전자를 >로, 후자를 →로 표시하여 변화의 종류를 구별할 수 있다."고 하여 '변화'를 두루 사용하고 있다.

⊙ 박종덕(2008 : 134)에서는 "한 형태소의 음소가 그 놓이는 환경에 따라 다른 음소로 바뀌는 현상을 '변동'이라 하고, 이러한 음소의 바뀜 규칙을 '변동 규칙'이라 한다."라고 하면서 변동과 변화의 차이보다는 변동으로 설명하기 어려운 음운 규칙과 음운 변동 규칙이 다름을 강조하기도 하였다.

⊙ 이진호(2009 : 117)에서는 "공시적인 형태소 교체를 설명하는 데 쓰이는 것은 공시적인 음운 현상이고 언어 형태의 역사적 변화를 설명하는 데 쓰이는 것은 통시적 음운 현상이다."라고 하여 변동과 변화의 차이보다는 공시적인 현상인지 통시적인 음운 현상인지에 초점을 두고 있다.

⊙ 이문규(2010 : 113 - 114)에서는 "통시적인 말소리의 바뀜을 음운의 '변화變化 *change*'라 하여 공시적인 현상인 '변동變動 *alternation*'과 구분한다."라고 하면서 공시적인 변동은 다시 '이음 변동異音變動 *allophonic alternation*'과 '음운 변동音韻變動 *phonological alternation*'으로 구분하고 있다.

◆ 강옥미 (2003 : 448) 에서는 음운 변동의 유형을 20개의 형태 음운 변동 현상과 6개의 이음 변동 현상으로 나누어 논의하고 있다. 그러나 우리는 한국어 교육 현장에서 적극 활용할 수 있는 음운 정보 구축에 초점을 맞추어 표준 발음 또는 표준어와 관련지을 수 있는 15개의 음운 변동 현상만 논의한다.

◆ 시대에 따라 또는 학자에 따라서, 통시적인 음운 변화에 초점을 두어 연구하기도 하고, 공시적인 음운 변동에 초점을 두어 연구하기도 하고, 통시적인 현상과 공시적인 현상을 함께 논의하거나 연구하기도 한다. 우리는 현대 한국어에 초점을 맞추어 공시적인 변동 현상을 살펴보고자 한다. 특히 한국 언어사회와 한국어 사용자가 적극 활용할 수 있는 음운 정보를 구축하는 데 목표를 두고 음운 현상과 규칙을 살펴본다. 따라서 음운 변화보다는 음운 변동에 초점을 두어 논의한다.

음운 변화	역사와 시간 흐름을 인지할 수 있는 통시적인 현상 예 : 믈 > 물, 건너다 > 건너다, 올창이 > 올챙이, 　　입시울 > 입슐 > 입술, 가히 > 개
음운 변동	역사와 시간 흐름보다는 환경이나 동기를 인지할 수 있는 공시적인 현상 예 : 국물 → 궁물, 밖 → 박, 집이 → 지비, 옷은 → 오슨, 　　보아라 → 봐라, 쓰어라 → 써라,

◆ 음운 변동 현상에 관한 정보도 매우 다양한 방법으로 논의되고 있다. 대표적인 예로는 구조주의 틀에서 음운 현상과 규칙을 기술하는 방법과 생성이론의 틀에서 음운 현상과 규칙을 설명하는 방법이 있다. 두 이론은 다음과 같은 점에서 차이가 있다.

구 조 주 의 음 운 론	특징	ㄱ. 대상 언어의 음운 목록, 음운 체계, 음운 현상, 음운 규칙을 정확 　하게 기술하는 것을 목표로 삼는다. ㄴ. 음운 개념, 음운 발견 절차, 음운 체계, 음운 변동 현상과 규칙에 　대한 구체적인 기술을 목표로 삼는다. ㄷ. 기술에 목표를 두기 때문에 음운 변동 현상이 어떻게*how* 일어나 　는가에 초점을 둔다.
	기술 방법	밥만 → 밤만　　　/ㅂ/ → [ㅁ] 듣는 → 든는　　　/ㄷ/ → [ㄴ] ＿＿ /ㅁ, ㄴ/ 앞에서 허락만 → 허랑만　/ㄱ/ → [ㅇ] 규칙 : /ㅂ, ㄷ, ㄱ/은 /ㅁ, ㄴ/ 앞에서 각각 [ㅁ], [ㄴ], [ㅇ]으로 변동한다.

| 생성
음운론 | 특징 | ㄱ. 모든 언어에서 나타나는 보편적인 음운 변동 현상을 인간의 언어 능력과 관련지어 설명하는 것을 목표로 삼는다.
ㄴ. 음운 변동 현상을 기저 음운 표시, 표면 음성 표시, 생성 개념 등을 활용하여 합리적으로 설명하는 것을 목표로 삼는다.
ㄷ. 음운 변동 현상에서 나타나는 보편성을 설명하기 위하여 음성과 음운의 변별 자질을 적극 활용한다.
ㄹ. 모든 언어와 인간의 언어 능력을 설명하는 데 활용하기 위하여 규칙의 명시화, 형식화, 단순화를 목표로 삼는다.
ㅁ. 설명에 목표를 두기 때문에 음운 변동 현상이 왜*why* 일어나는가에 초점을 둔다. |
| | 설명
방법 | ㄱ. 자질*feature* 을 활용한 규칙 :
밥만 → 밤만, 듣는 → 든는, 허락만 → 허랑만
[−공명성*sonority*] → [+비음성*nasality*] / _____ [+비음성]
ㄴ. 기저형*underlying form* 과 표면형*surface form* 을 활용한 규칙 :
기저 음운 표시 → 표면 음성 표시
/잎/ → [입], /국물/ → [궁물] |

⊙ 구조주의 이론의 틀 속에서 한국어 음운 현상과 규칙을 깊이 있게 논의한 연구로는 허웅(1985)을 예로 들 수 있고, 생성이론의 틀 속에서 다양한 한국어 음운 현상과 규칙을 논의한 연구로는 강옥미(2003)를 예로 들 수 있다. 강옥미(2003 : 445−513)에서는 한국어 음운 변동 현상을 자질資質*feature* 을 활용한 규칙으로 논의하고 있다.

◆ 생성음운론에서는 음운 현상, 음운 변동 현상, 음운 규칙 등을 설명하기 위하여 다양한 변별 자질辨別資質 *distinctive feature*을 활용하고 있다. 하나의 소리는 다른 소리와 변별되는 특성이 있는데, 이렇게 구별되는 언어음의 최소 단위를 변별 자질이라 한다. 그러나 자음, 모음, 운소와 관련된 모든 속성을 변별 자질로 설정하는 것은 아니고, 소리를 구성하는 여러 자질 중에서 말소리를 구분하는 데 기여하는 최소한의 자질만을 변별 자질로 설정한다.

◆ 생성이론에서는 언어의 보편성과 인간의 언어 능력을 밝히는 데 초점을 맞추고 있기 때문에 활용하는 변별 자질의 수나 내용도 매우 다양하다. 뿐만 아니라 학자에 따라서도 변별 자질의 수와 내용이 다르다.

⊙ 이문규(2010 : 136)에서는 한국어 말소리를 다음과 같은 자질로 분류하고 있다.

주요 부류 자질에 따른 우리말 소리의 분류				
구분	모음	장애음	반모음	유음과 비음
성절성	+	−	−	−
공명성	+	−	+	+
자음성	−	+	−	+

⊙ [성절성 *syllabic*]은 단독으로 음절을 이룰 수 있는 성질로, 한국어에서 모음은 [+성절성]을 지니지만 자음과 반모음은 [−성절성]을 지닌다.

⊙ [자음성 *consonantal*]은 조음 과정에서 공기가 장애를 받아서 나오는 성질로, 한국어에서 자음은 [+자음성]을 지니지만 모음과 반모음은 [−자음성]을 지닌다. 단, 후음 /ㅎ/의 [자음성]에 대해서는 학자에 따라 견해에 차이가 있다.

⊙ 유음과 비음은 한국어에서 각각 /ㄹ/과 /ㄴ, ㅁ, ㅇ/로, [+자음성]을 지닌다. 그러나 다른 자음과는 달리 모음이나 반모음처럼 발음할 때 목청이 떨려 울리는 소리가 나는 [+공명성]을 지닌다.

◆ 음운 변동 현상은 크게 네 가지 유형으로 나눌 수 있다. 현상과 규칙을 정리하면 다음과 같다. 다음 (09 – 17)에는 구체적인 변동 현상과 규칙에 대해서 논의하기로 한다.

1 유형	음운 교체	특정한 음운이 다른 음운으로 교체되어 실현되는 현상이다. 규칙 : /X/ → [Y]/ A ___ B 음운 X가 A와 B 사이에서 Y로 교체된다. 규칙 : /X/ → [Y]/ A ___ 음운 X가 A 뒤에서 Y로 교체된다. 규칙 : /X/ → [Y]/ ___ B 음운 X가 B 앞에서 Y로 교체된다.
2 유형	음운 축약	특정한 두 음운이 특정한 하나의 음운으로 실현되는 현상이다. 규칙 : /X/ + /Y/ → Z 음운 X와 Y가 Z로 실현된다.

3 유형	음운 탈락	특정한 음운이 실현되지 않는 현상이다.
		규칙 : /X/ → [ø]/ A ___ B 음운 X가 A와 B 사이에서 탈락된다.
		규칙 : /X/ → [ø]/ A _____ 음운 X가 A 뒤에서 탈락된다.
		규칙 : /X/ → [ø]/ _____ B 음운 X가 B 앞에서 탈락된다.
4 유형	음운 첨가	특정한 음운이 첨가되어 실현되는 현상이다.
		규칙 : /ø/ → [X]/ A ___ B A와 B 사이에 음운 X가 첨가된다.
		규칙 : /ø/ → [X]/ A _____ A 뒤에 음운 X가 첨가된다.
		규칙 : /ø/ → [X]/ _____ B B 앞에 음운 X가 첨가된다.

[참고] ø 는 영zero 표지임을 의미한다. 곧 음운이 없음을 뜻한다.

◉ 모든 한국어 음운 변동 현상과 규칙이 하나의 유형에만 속하지는 않는다. 현상과 규칙에 따라서는 축약이 되면서 교체가 되기도 하고, 첨가가 되면서 교체가 되기도 한다.

◆ 음운 변동 현상은, Ronald W. Langacker(1972 : 238)에서 제시한 'underlying phonological representation'과 'phonetic representation'을 바탕으로 기저 음운 표시基底 音韻 表示 와 표면 음성 표시表面 音聲 表示 로 나누어 설명한다. 변동 규칙이 적용되기 전 기저형은 음운으로 보고 / /로 표시한다. 한편 변동 규칙이 적용되어 생성되는 표면형은 음성으로 보고 [ ]로 표시한다. 정리하면 기저형 음운을 / /로 표기하고, 표면형 음성을 [ ]로 표기한다. 기저형에서 표면형으로 생성되는 과정에서 적용되는 규칙이나 그 수는 현상과 자료에 따라서 달라진다.

◆ Ronald W. Langacker (1972 : 238)에서는 기저 음운 표시와 표면 음성 표시 사이에서 일어나는 변동 현상과 규칙을 Aztec 단어 *nemi* 'live'를 활용하여 다음과 같이 설명하고 있다.

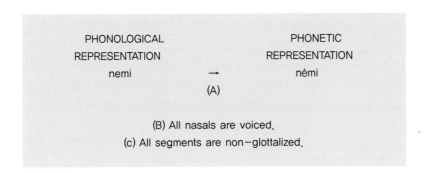

◆ Victoria Fromkin, Robert Rodman (1974, 1993 : 253)에서는 음운 규칙의 기능을 다음과 같이 설명하고 있다.

input   *Phonemic (Dictionary) Representation of Words in a sentence*
↓
Phonological rules (P−rules)
↓
output   *Phonetic Representation of Words in a sentence*

◉ 〈표〉에 따르면, 음운 표시는 사전에 실린 표제어로 보고 있다. 이와 같은 생각을 바탕으로 우리도 사전 표제어를 기저 음운 표시로 보고자 한다. 『표준국어대사전』에서는 음운 변동 규칙이 적용된 표제어는 표면형 음성 표시를 [ ] 속에 제시하고 있다. 규칙에

대한 구체적인 정보는 없지만, 기저 음운 표시와 표면 음성 표시에 대한 정보는 쉽게 활용할 수 있다. 음운 변동이 일어나지 않은 표제어는 표면 음성 표시를 따로 제공하지 않는다. 따라서 음운 변동의 유무에 관한 정보도 알 수 있다는 점에서 매우 유용하다. 특히 실제 발음에 관한 정보도 제공하고 있어서 한국어 학습자가 구체적인 발음 정보를 들으면서 발음을 익힐 수 있다.

◆ 자연언어에서 나타나는 모든 음운 변동 현상을 제한된 규칙으로 설명하기는 어려운 점이 있다. 따라서 한국 언어사회에서 나타나는 다양한 음운 변동 현상도 정해진 규칙으로 설명하기 어렵다. 뿐만 아니라 현상과 규칙 사이에는 예측 가능한 빈칸*blank, slot*도 있고 예측하기 어려운 빈칸도 남는다. 곧, 아래 그림과 같이 모든 현상을 규칙으로 설명하기 어렵다.

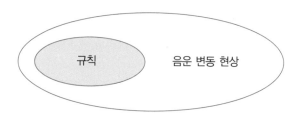

◆ 대부분의 언어 사용자는 자신이 사용하는 언어에서 나타나는 음운 변동 현상에 대한 적절한 정보 곧 규칙을 알고 있어서 의사소통을 하는 데 큰 어려움이 없다. 그러나 언어 사용자에 따라서는 음운 변동 규칙을 지나치게 많은 현상에 적용하거나 지나치게 적은 현상에 적용하기도 한다. 정리하면 다음과 같이 그릴 수 있다.

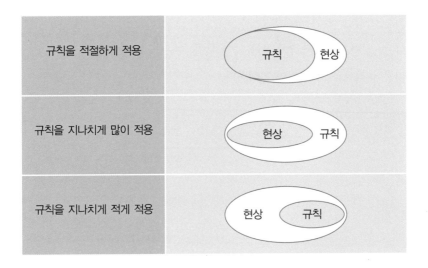

규칙을 적절하게 적용	규칙 현상
규칙을 지나치게 많이 적용	현상 규칙
규칙을 지나치게 적게 적용	현상 규칙

◆ 인공언어에서는 규칙을 먼저 세우고 언어를 만들기 때문에 규칙으로 모든 음운 변동 현상을 설명하는 것이 가능하다. 그러나 자연언어에서 현상과 규칙이 정확하게 일치하기는 어렵다. 따라서 음운 변동 현상과 규칙을 설명할 때 규칙으로 설명하기 어려운 불규칙적인 현상이 많고, 변동 동기나 과정을 명시적으로 설명하기 어려운 경우도 있다. 뿐만 아니라 음성언어는 문자언어와 달리 일회적一回的이고 유동적流動的이어서 현상을 바탕으로 규칙을 정리하는 과정에서 이미 현상이 달라지거나 사라지는 경우도 있다. 따라서 현상과 규칙 사이에는 여전히 빈칸이 생긴다.

◆ 한국어 음운 현상과 한국어 사용자가 적용하는 규칙, 한국어 사용자와 한국어 학습자를 위한 어문 규정에서 제시한 규칙의 관계는 다음과 같이 그릴 수 있다. 예컨대 국가 차원에서 활용하고 있는 어문 규정이나 한국어 사용자가 적용하는 규칙으로 모든 한국어 음운 변동 현상을 설명하

기는 어렵다. 언어 규칙 또는 음운 규칙은 절대적인 규칙으로 설명하기보다는, 언어사회에서 언어 사용자가 활용 가능한 규칙, 또는 적용 범위가 넓은 규칙으로 보는 것이 적절하다.

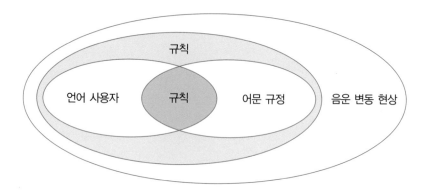

◆ 음운 변동 현상은 매우 다양한 요인에 의해서 일어난다. 언어 사용자가 말소리를 쉽게 생성하기 위하여, 의미를 정확하게 전달하기 위하여, 발음 기관이나 음운 환경, 또는 언어사회나 외국어의 영향 등 변동 원인이나 동기는 매우 다양하다. 음운 변동 현상에 따라서 변동 요인이나 동기를 쉽게 찾을 수 있는 것도 있고, 그 요인과 동기를 이해할 수 없는 현상도 있다.

◆ 음운 변동 현상과 규칙 사이에 생기는 빈칸이나 여백은 자료와 자료 사이에서도 나타난다. 같은 기저 음운 표시를 가진 기저형이라도 다른 표면 음성 표시를 가진 표면형으로 실현되는 자료 사이에서 여백이 생기는 것이다. 자료 사이의 빈칸은 한 칸일 수도 있고 여러 칸일 수도 있다. 그 결과 예외로 설명하기도 하고, 어문 규정에서 〈다만〉으로 설명하기도 한

다. 뿐만 아니라 앞으로 논의하는 규칙으로 설명하기 어려운 자료도 있다. 예를 들면, 같은 기저 음운을 가진 기저형에서 변동이 안 일어나는 자료도 있고, 변이음으로만 변동되는 자료도 있고, 다른 음운으로 변동되는 자료도 있고, 표기가 달라지는 자료도 있다. 뿐만 아니라 변동된 표기가 다시 기저형이 되어 또 다른 변동 현상을 일으키는 자료도 있다.

표면형 1	표면형 2	표면형 3	새로운 표면형 1		표면형 2	표면형 3
			표면형 4→표면형 5			
변동없음	→변이음	→다른 음운	→다른 표기	→다른 단어	→변이음	→다른 음운
새로운 기저형 1 : 기저 음운 표시 1				새로운 기저형 2 : 기저 음운 표시 2		

◆ 〈표〉에서 보는 바와 같이, 자료에 따라서는 변동이 일어나는 정도에 차이가 있다. 기저형과 표면형이 같은 자료가 점차 그 변동 정도가 커지면서 다른 단어로 정착하기도 하고, 새로운 단어로 정착한 기저형은 또 다른 변동 과정을 거치기도 한다. 그 결과 어떤 자료는 어떤 언어 형식에서 변동되어 현재 사용하고 있는지, 어원語原이 무엇인지, 그 뜻이 무엇인지, 또는 그 과정에서 어떤 변동 규칙이 적용되었는지 설명하기 어렵다. 음운 변동 요인이 다양하므로, 간단하게 정리할 수는 없지만, 언어사회에서 사용 빈도가 높은 언어 형식은 더 복잡하고 다양한 음운 변동 과정을 거친다. 그 과정에서 음운 변화도 일어나고 의미 변화도 일어나고 새로운 단어도 생긴다.

? 음운 변동이 일어난 자료를 찾아 보자(상품 이름, 상점 이름 등에서).

? 언어생활 속에서 음운 변동 규칙이 과잉 적용된 음운 현상을 찾아 보자(경음화 규칙, 격음화 규칙, 음운 탈락 규칙, 음운 첨가 규칙 등).

09. 음운 교체 현상과 규칙

◆ 음운 교체 交替(또는 대치 代置)*alternation, replacement* 현상은, 특정한 음운이 다른 음운으로 변동되는 현상으로 매우 다양하게 나타난다. 예를 들면 평파열음화, 비음화, 유음화, 구개음화, 경음화, 격음화 등을 이 범주에서 논의할 수 있다. 언어학계에서 활용하는 음운 규칙 音韻規則 *phonological rule* /X/→[Y]/A ___ B를 바탕으로 정리하면 다음과 같다.

/X/ → [Y]/ A ___ B ⇧　　　⇧ 변동 양상　변동 조건	① /X/ → [Y]/ A ___ B 음운 X가 A와 B 사이에서 음성 Y로 변동된다. ② /X/ → [Y]/ A _____ 음운 X가 A 뒤에서 Y로 변동된다. ③ /X/ → [Y]/ _____ B 음운 X가 B 앞에서 Y로 변동된다.

- 평파열음화는 평파열음이 아닌 음운이 평파열음으로 실현되는 현상이다.
- 비음화는 비음이 아닌 음운이 비음으로 실현되는 현상이다.
- 유음화는 유음이 아닌 음운이 유음으로 실현되는 현상이다.
- 구개음화는 구개음이 아닌 음운이 구개음으로 실현되는 현상이다.

- 경음화는 경음이 아닌 음운이 경음으로 실현되는 현상이다.
- 격음화는 격음이 아닌 음운이 격음으로 실현되는 현상이다.

◆ 음운 교체 범주에 속하는 한국어 음운 변동 양상은 다음 〈표〉와 같이 정리할 수 있다. 『표준국어대사전』에서는 한글을 활용하여 음운 변동 현상 정보를 제공하고 있는데, 예를 들면 다음과 같은 자료가 이 변동 범주에 속한다. 다음 〈표〉에서 격음화 현상은 두 음운이 하나로 교체되는 현상이므로 축약에서 논의하기로 한다.

음운 교체 현상과 규칙		
음운 교체 현상	변동 양상 A → B	자료
평파열음화	/-평파열음/ → [+평파열음]	셋-째 → [섿-], 꽃 → [꼳], 숲 → [숩], 밖 → [박], 부엌 → [-억]
비음화	/-비음/ → [+비음]	국문학(國文學) → [궁—], 앞-니 → [암-], 갓난-이 → [간—]
유음화	/-유음/ → [+유음]	칼-날 → [-랄], 진리(眞理) → [질-], 신라(新羅) → [실-]
구개음화	/-경구개음/ → [+경구개음]	반-닫이(半—) → [반:다지], 밭이 → [바치]
경음화	/-경음/ → [+경음]	물-새 → [-쌔], 산(山-)-새 → [-쌔], 철-길(鐵-) → [-낄]
격음화	/-격음/ → [+격음]	낳다 → [나:타], 닳다 → [달타], 법학(法學) → [버팍]

⊙ 음운 교체 범주에는 〈표〉에 제시하지 않은 조음 위치 동화 현상
이나 / ㅣ / 모음 역행 동화 현상 등도 넣을 수 있다. 조음 위치 동
화는 변동 조건에 따라서 특정 음운의 조음 위치가 다른 음운으
로 교체되어 실현되는 현상이다. 예를 들면 /신발/→[심발], /신
문/→[심문], /걷기/→[걱:끼], /감기/→[강기] 등이 이에 속한다.
한편, /몸이라도/→[뫼미라도], /밥이고/→[배비고] 등과 같이 변
동되는 / ㅣ / 모음 역행 동화도 있다. 그러나 표준어 교육의 결과로
사용자가 매우 제한되어 있고, 한국어 표준 발음이 아니므로 여기
서는 논의하지 않는다. 곧 여기서는 『표준국어대사전』에서 제공하
는 표준 발음과 표준어 정보에 초점을 둔다.

◆ 한국 언어사회에서는 모음보다 자음 교체 현상이 두드러진다. 이해를
돕기 위하여 앞(06)에서 정리한 한국어 자음 체계를 다시 제시하기로 한다.

조음 방법		조음 위치	두 입술	윗잇몸 혀끝	센입천장 혓바닥	여린입천장 혀 뒤	목청 사이
			양순음	치조음	경구개음	연구개음	후음
파열음	평음	예사소리	ㅂ	ㄷ		ㄱ	
	경음	된소리	ㅃ	ㄸ		ㄲ	
	격음	거센소리	ㅍ	ㅌ		ㅋ	

조음 위치 조음 방법			두 입술 양순음	윗잇몸 혀끝 치조음	센입천장 혓바닥 경구개음	여린입천장 혀 뒤 연구개음	목청 사이 후음
파찰음	평음	예사소리			ㅈ		
	경음	된소리			ㅉ		
	격음	거센소리			ㅊ		
마찰음	평음	예사소리		ㅅ			ㅎ
	경음	된소리		ㅆ			
비음		콧소리	ㅁ	ㄴ		ㅇ	
유음		흐름소리		ㄹ			

◆ 한국어 자음 체계에는 네 개의 상관속相關束과 한 개의 상관쌍相關雙이 포함되어 있다. 상관속은 /ㅂ, ㅃ, ㅍ/와 같이 조음 위치가 비슷한 음운의 묶음인데, 이때 /ㅂ, ㅃ, ㅍ/는 조음 방법 곧 긴장성과 유기성의 유무에 따라 변별된다. 〈표〉에서 자음 세 개가 묶인 것은 삼지 상관속三枝 相關束이고 두 개가 묶인 것은 상관쌍이다. 이와 같은 묶음은 언어에 따라 다르다. 예를 들면 산스크리트Sanskrit에서는 사지 상관속四枝 相關束을 찾을 수 있다.

k–kh–g–gh, c–ch–j–jh, ṭ–ṭh–ḍ–dh, t–th–d–dh, p–ph–b–bh

? 자음 교체 현상을 찾아 보자(언어 사용자의 말실수, TV 방송 프로그 램, TV 방송 자막 등에서).

? 모음을 교체하면 의미가 달라지거나 없어지는 자료를 적어 보자.

10. 평파열음화

◆ 평파열음화^{平破裂音化}는 두 가지 변동 양상을 포함하는 음운 변동 현상이다. 평음이 아닌 음운이 평음으로 변동하는 현상과 파열음이 아닌 음운이 파열음으로 변동하는 현상을 함께 가리킨다. 장애음 곧 파열음, 파찰음, 마찰음이 음절 말 위치에서 모두 평파열음 /ㅂ, ㄷ, ㄱ/으로 실현되는 특징이 있는데 이 현상을 평파열음화라고 한다. 한국어 자음 체계도를 바탕으로 살펴보면, 다음 〈표〉 안에 있는 자음은 음절 말에서 세로 칸 맨 위에 있는 세 개의 자음 /ㅂ, ㄷ, ㄱ/으로 실현된다.

	평음	예사소리	ㅂ	ㄷ		ㄱ	
파열음	경음	된소리	ㅃ	ㄸ		ㄲ	
	격음	거센소리	ㅍ	ㅌ		ㅋ	
	평음	예사소리			ㅈ		
파찰음	경음	된소리			ㅉ		
	격음	거센소리			ㅊ		

마찰음	평음	예사소리		ㅅ			ㅎ
	경음	된소리		ㅆ			

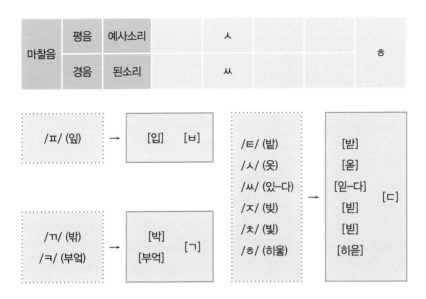

◆ 평파열음화 규칙은 음절 말에서 일어나는 변동 현상이라는 점에서 음절 말 끝소리 규칙과 관련지어 논의할 수 있다. 한국어 자음은 19개이지만 음절 말 끝소리로 실현되는 자음은 7개뿐이다. 평파열음화 결과로 실현되는 3개 자음, 비음 3개와 유음 1개만 음절 말에서 실현된다. 그러나 음절 말 끝소리 규칙은 자음 전체에 관한 규칙이고 평파열음화는 비음과 유음을 제외한 장애음만 해당하는 현상이라는 점에서 차이가 있다.

음절 말 끝소리 현상의 예

/압/, /앞/	/듣-다/, /옷/	/박/, /밖/	/밤/	/논/	/달/	/상/
[압]	[듣-다], [옫]	[박]	[밤]	[논]	[달]	[상]
ㅂ	ㄷ	ㄱ	ㅁ	ㄴ	ㄹ	ㅇ

◆ 평파열음화 규칙, 음절 말 끝소리 규칙은 음절 말에서 서로 다른 자음이 고유한 자질을 잃어버려서 구별되지 않는 중화 현상과도 관련지어 논의할 수 있다. 평파열음화는 변동 현상에 초점을 맞추고 있다면 중화 현상은 변별력이 없어지는 현상에 초점을 두고 있다. 곧 시각에 따라서 또는 관점에 따라서 다른 용어를 사용하지만 그 개념과 적용 범위나 범주는 다르다.

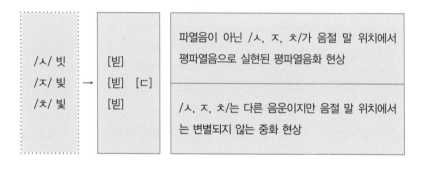

| /ㅅ/ 빗
/ㅈ/ 빚
/ㅊ/ 빛 | → | [빋]
[빋] [ㄷ]
[빋] | 파열음이 아닌 /ㅅ, ㅈ, ㅊ/가 음절 말 위치에서 평파열음으로 실현된 평파열음화 현상 |
| | | | /ㅅ, ㅈ, ㅊ/는 다른 음운이지만 음절 말 위치에서는 변별되지 않는 중화 현상 |

◆ 평파열음화 현상은 음절 말 곧 받침에 적용되는 규칙이다. 따라서 한국어 받침 규칙과도 관련지을 수 있지만 학계에서는 받침 규칙을 연음 규칙으로 설명하는 것이 일반적이다. 연음 규칙은 음절 경계와 함께 적용되는 범위가 매우 넓고, 다른 음운 변동 규칙과는 달리 규칙적으로 적용할 수 있다. 따라서 규칙적으로 일어나는 연음 현상은 『표준국어대사전』에서도 정보를 제공하지 않는다.

◆ 예를 들면 /믿어, 밀어, 닮아, 적어, 젖어, 높아/는 실제 언어생활 속에서 연음 규칙이 적용되어 [미더, 미러, 달마, 저거, 저저, 노파]로 실현되지만 이와 같은 정보는 사전에서 제공하지 않는다. 이와 같은 현상은 다음 자료에서도 찾을 수 있다.

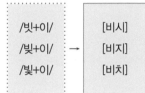

/빗+이/		[비시]	음절 말에서는 중화되어 변별되지 않은 /ㅅ, ㅈ, ㅊ/이 모음으로 시작하는 조사와 결합하면 연음 규칙이 적용되어 제 음가대로 발음된다.
/빚+이/	→	[비지]	
/빛+이/		[비치]	

◆ 표준 발음법에서 제공하는 연음 규칙에 대한 규정은 다음과 같다.

제13항 홑받침이나 쌍받침이 모음으로 시작된 조사나 어미, 접미사와 결합되는 경우에는, 제 음가대로 뒤 음절 첫소리로 옮겨 발음한다.

깎아[까까]　　　옷이[오시]　　　있어[이써]　　　낮이[나지]
꽂아[꼬자]　　　꽃을[꼬츨]　　　쫓아[쪼차]　　　밭에[바테]
앞으로[아프로]　덮이다[더피다]

제14항 겹받침이 모음으로 시작된 조사나 어미, 접미사와 결합되는 경우에는, 뒤엣것만을 뒤 음절 첫소리로 옮겨 발음한다.(이 경우, 'ㅅ'은 된소리로 발음함.)

넋이[넉씨]　　　앉아[안자]　　　닭을[달글]　　　젊어[절머]
곬이[골씨]　　　핥아[할타]　　　읊어[을퍼]　　　값을[갑쓸]
없어[업:써]

◆ 평파열음화 규칙과 연음 규칙을 함께 인지할 수 있는 자료가 있다. 예컨대 다음과 같은 자료에서는 평파열음화도 인지할 수 있고, 연음 규칙도 인지할 수 있다.

자료	규칙 적용 순서
/부엌안/→[부억안]→[부어간] /겉옷/→[걷옷]→[거돋]	평파열음화 규칙→연음 규칙

◆ /ㅈ, ㅉ, ㅊ/은 음절 말에서 조음 위치가 다른 [ㄷ]으로 실현된다.

자료	규칙 적용 순서
/찢다/→[찓다]→[찓따] /꽃밭/→[꼳받]→[꼳빧]	평파열음화 규칙→경음화 규칙

⊙ 공시적으로 설명을 한다면 다음과 같다 : 경구개 파열음이 없기 때문에, 조음 위치상 가장 가까우면서도 조음하기 편한 치조음 [ㄷ]으로 실현된다. 조음하기 가장 편한 자음으로는 조음 기관 맨 앞쪽에 있는 양순음을 예로 든다. 이와 같은 현상은 언어 습득 과정에서도 확인되었고, 어린아이가 가장 먼저 습득하는 부모를 가리키는 어휘 가운데 양순음으로 만들어진 언어가 많다는 점에서도 알 수 있다. 따라서 경구개 자음과 가까운 연구개 자음 대신에 조음하기 편한 치조음 [ㄷ]으로 변동되어 실현되는 것이다.

⊙ 통시적으로는 /ㅈ, ㅉ, ㅊ/은 중세 국어에서 치음이었기 때문에 /ㅅ/과 같이 [ㄷ]으로 실현된다고 설명할 수 있다.

⊙ 현대 한국 언어사회에서는 음절 말에서 자음 /ㅉ/은 실현되지 않는다. 따라서 /ㅉ/의 평파열음화 현상도 찾을 수 없다.

◆ /ㅎ/도 음절 말에서 조음 위치가 다른 [ㄷ]으로 실현된다. 이 현상은 /ㅎ/과 가장 가까운 연구개 파열음[ㄱ]보다는 조음하기 쉬운 치조음 [ㄷ]으로 실현된 것으로 설명할 수 있다. 그러나 실제 현대 한국 언어사회에서 /ㅎ/이 평파열음으로 실현되는 현상은 쉽게 찾기 어렵다. 그 이유는 음절 말에서 /ㅎ/이 실현된 어휘 목록이 많지 않을 뿐만 아니라, /ㅎ/의 소릿값이나 특징이 뚜렷하지 않아서 탈락되거나 축약되는 현상이 많기 때문이다. 예를 들면 다음과 같다.

자료	규칙 적용 순서
/놓는/→[녿는]→[논는]	평파열음화규칙→비음화 규칙
/놓아/→[노아]	/ㅎ/ 탈락 규칙
/놓다/→[노타]	/ㅎ+ㄷ/→[ㅌ] 축약 규칙, 격음화 규칙

? 음절 말 곧 음절의 끝이란 어떤 위치인지 생각해 보자.

> ⇒ /낫이/, /낫도/, /흙/, /흙을/, /흙까지/에서 음절의 끝소리 현상이 적용되
> 는 경우와 연음 규칙이 적용된 경우를 각각 찾아 보자.

? 음절 말에 올 수 있는 한국어 자음과 실제로 실현되는 발음을 비교해
보자(사전에서).

? 음절 말에 'ㅍ'이나 'ㅊ'의 소리가 올 수 없는데도 /잎/이나 /꽃/으로
표기하는 이유는 무엇인지 생각해 보자.

11. 비음화

◆ 한국어 자음 체계를 살펴보면, 입안보다 콧속을 더 많이 울리면서 생성되는 비음이 있다. 예를 들면 자음 /ㅁ, ㄴ, ㅇ/이 비음 범주에 속한다. 비음화鼻音化 *nasalization* 는 비음이 아닌 범주에 속하는 자음이 비음으로 실현되는 현상인데, 이때 같은 조음 위치의 비음으로 실현된다. 이와 같은 현상을 일으키는 비음화 규칙은 다른 어떤 규칙보다 영향력이 크고 적용 범위도 넓다. 따라서 이에 대한 정보는 한국어 음운 변동 현상을 이해하는 데 매우 유용하다. 『표준국어대사전』에서는 비음화에 대한 정보를 다음과 같이 제시하고 있다.

> **비음-화(鼻音化)** [비:—] 「명사」 『언어』
>
> 어떤 음의 조음(調音)에 비강의 공명이 수반되는 현상. '십만'이 '심만', '먹는다'가 '멍는다'가 되는 것 따위이다. ≒콧소리되기.

조음 방법 \ 조음 위치			두 입술 / 양순음	윗잇몸 혀끝 / 치조음	센입천장 혓바닥 / 경구개음	여린입천장 허 뒤 / 연구개음	목청 사이 / 후음
파열음	평음	예사소리	ㅂ	ㄷ		ㄱ	
	경음	된소리	ㅃ	ㄸ		ㄲ	
	격음	거센소리	ㅍ	ㅌ		ㅋ	
파찰음	평음	예사소리	/입는/	/믿는/	ㅈ	/먹는/	
	경음	된소리	/잎만/	/밭만/	ㅉ	/밖만/	
	격음	거센소리			ㅊ		
마찰음	평음	예사소리	[임는]	[민는]		[멍는]	ㅎ
	경음	된소리	[임만]	[반만]		[방만]	
비음		콧소리	ㅁ	ㄴ		ㅇ	
유음		흐름소리		ㄹ			

◆ 비음화에 관한 정보는 『표준국어대사전』에서도 제공하고 있다. 규칙을 밝히지는 않았지만 표제어를 제시할 때 음운 변동 현상에 관한 정보를 함께 제공하고 있다.

비음화 현상과 규칙		
자료	변동 양상	규칙과 규칙 적용 순서
믿는[민-]	/ㄷ/→[ㄴ]	비음화 규칙
줍는[줌ː-]	/ㅂ/→[ㅁ]	비음화 규칙
식물학만[싱-항-]	/ㄱ/→[ㅇ]	비음화 규칙
앞-니[암-]	/ㅍ/→[ㅂ]→[ㅁ]	평파열음화 규칙→비음화 규칙
밖만[방-]	/ㄲ/→[ㄱ]→[ㅇ]	평파열음화 규칙→비음화 규칙
젖는[전-]	/ㅈ/→[ㄷ]→[ㄴ]	평파열음화 규칙→비음화 규칙
숯만[순-]	/ㅊ/→[ㄷ]→[ㄴ]	평파열음화 규칙→비음화 규칙
꽃밭만[꼳빤-]	/ㅌ/→[ㄷ]→[ㄴ]	평파열음화 규칙→비음화 규칙
닭만[당-]	/ㄹㄱ/→[ㄱ]→[ㅇ]	탈락 규칙→비음화 규칙

◉ 위에 제시한 〈표〉에서 자료는 『표준국어대사전』에 실린 표제어에
   서 인용한 것이다.

◉ 〈표〉에서 보는 바와 같이, 비음화 규칙은 매우 다양할 뿐만 아니라
   적용 범위도 넓다. 이와 같은 현상은 콧속의 울림을 통한 조음 방
   법이 다른 음에 영향을 주어, 원래는 공명이 없는 구강음에 울림을
   수반시킨다. 이 현상은 인간 언어의 보편성에서도 찾을 수 있다.
   그 동기는 인간이 말소리를 생성하는 조음 기관이 크게 다르지 않
   기 때문이다.

◆ 비음화 현상과 규칙은 한국 언어사회에서 유음화와 경쟁을 하고 있는데, 영향 범위나 적용 범위가 매우 비슷하여 언어 사용자에게 큰 부담을 주고 있다. 예를 들면 음운-론音韻論의 표준 발음은 [으문논]이지만 언어 사용자에 따라서는 유음화 규칙을 적용하여 [으물론]으로 발음하기도 한다. 표준 발음 [으문논]에 적용된 규칙은 /ㄹ/의 비음화이다.

◆ /ㄹ/의 비음화 현상은, 유음 /ㄹ/이 자음 뒤에서 같은 조음 위치에서 생성되는 [ㄴ]으로 실현되는 현상이다. /ㄹ/이 [ㄴ]으로 실현되는 이유는 /ㄴ/이 /ㄹ/보다 안정적인 말소리이기 때문이다. /ㄹ/이 /ㄴ/보다 힘이 약하다는 것은 /ㄹ/ 탈락 현상에서도 인지할 수 있다. 이 변동 현상과 규칙은 주로 한자어나 외래어에서 찾아볼 수 있다. 예를 들면 다음과 같은 자료가 이 범주에 속한다.

/ㄹ/의 비음화 : /ㄹ/→[ㄴ]
종로(鍾路/鐘路)[-노], 임진-란(壬辰亂)[임:-난], 동양-란(東洋蘭)[——난], 추진-력(推進力)[——녁], 능력(能力)[-녁], 상상-력(想像力)[상:-녁], 총량(總量)[총:냥], 동원-령(動員令)[동:-녕], 시청-료(視聽料)[시:-뇨], 침랑(寢郎)[침:냥]
⇒ 자료는 『표준국어대사전』 표제어에서 인용한 것이다.

◆ 현대 한국 언어사회에서는 비음화와 유음화가 경쟁 관계에 있다. 따라서 /ㄹ/의 비음화와 함께 /ㄴ/의 유음화 규칙이 적용된 한자어 자료도 적지 않다. 예를 들면 다음과 같은 자료가 있다.

? 비음화 규칙이 적용된 외국어 자료를 찾아 보자.

> ⇒ '온-라인(on-line)', '인-라인(inline)', '아웃렛(outlet)'의 발음을 적어보
> 고, 어떤 규칙이 적용되었는지 생각해 보자.

? 비음화 규칙이 적용된 노래 가사나 시를 찾아 보자.

? 비음화 규칙이 적용된 이름을 찾아 보자(사람 이름, 역 이름, 산 이름 등).

12. 유음화

◆ 한국어 자음 체계에서 유음은 /ㄹ/ 하나이다. 앞(11)에서 논의한 바와 같이, 유음 /ㄹ/은 비음 [ㄴ]으로 변동되어 실현되는 비음화 자료도 있지만, 비음 /ㄴ/이 유음 [ㄹ]로 변동되어 실현되는 유음화流音化 *liquidization* 자료도 있다. 여기에서는 유음이 아닌 음운이 유음 [ㄹ]로 실현되는 유음화를 논의하기로 한다.

◆『표준국어대사전』에서 제시한 유음화에 대한 정보는 다음과 같다.

> **유음-화**(流音化) 『언어』
>
> 'ㄴ'이 'ㄹ'의 앞이나 뒤에서 'ㄹ'로 변하는 현상. '한라'가 '할라', '실눈'이 '실룬'이 되는 것 따위이다.

◆ 사전에서 제시한 바와 같이 유음화는 크게 두 가지 변동 조건으로 나누어서 논의할 수 있다. 유음화 현상은, 앞에 있는 음운의 영향을 받아 변

동하는 순행적 유음화 현상과 뒤에 있는 음운의 영향을 받아 변동하는 역행적 유음화 현상으로 나눌 수 있다. 『표준국어대사전』 표제어에서도 유음화에 대한 자료와 정보를 찾을 수 있다.

유음화 현상과 규칙	
순행적 유음화	역행적 유음화
/ㄴ/→[ㄹ]/ /ㄹ/___	/ㄴ/→[ㄹ]/___/ㄹ/
설-날[설ː랄], 생일-날(生日-)[—랄], 실내(室內)[-래], 줄-넘기[-럼끼], 질녀(姪女)[-려], 찰나(刹那)[-라], 달-나라[-라-], 돌-나물[-라-], 물-난리(-亂離)[-랄-], 월남(越南)[-람], 철-나다[-라-]	분류(分類)[불-], 분리(分離)[불-], 편리03(便利)[펼-], 반려-자(伴侶者)[발ː—], 전라-도(全羅道)[절—], 진로(進路)[잘ː-], 한류(韓流)[할ː-], 연락(連絡/聯絡)[열-], 전략(戰略)[절ː-]
→고유어와 한자어에서 모두 나타남. →한 단어 안에서는 물론 두 단어 이상의 큰 단위에서도 일어남 (바람 잦을 날[바람자즐랄]).	→고유어에서는 나타나지 않음. →한 단어 안에서만 일어남.

◆ 사전에서 유음화 현상에 관한 정보를 제공한 것은 한국어 음운 변동 현상을 이해하거나 한국어 교수-학습을 하는 데 필요한 정보이기 때문이다.

◆ 다음과 같은 자료에서는 유음화가 일어나지 않고 /ㄹ/이 탈락된다. 따라서 한국어 유음 /ㄹ/에 관한 모든 음운 변동 현상을 비음화 규칙이나 유음화 규칙으로만 설명하기는 어렵다. 예컨대 다음과 같은 /ㄹ/ 탈락 현상도 있다.

/ㄹ/ 탈락 현상과 규칙 : 공시적인 자료와 통시적인 자료	
/ㄹ/→∅ / ___ /ㄴ/ 어미의 첫 자음	살다[살ː-] 〔사니[사ː-]〕, 놀다[놀ː-] 〔노니[노ː-]〕 밀다[밀ː-] 〔미니[미ː-]〕, 졸다[졸ː-] 〔조니[조ː-]〕 걸다[걸ː-] 〔거니[거ː-]〕, 열다[열ː-] 〔여니[여ː-]〕
/ㄹ/→∅ / 단어 ___ 단어	바느-질【<바ᄂ질<박언>←바늘+질】 아드-님【<아ᄃ님<아돌님<월곡>←아돌+님】 따-님【<ᄯᆞ님<ᄯᆞᆯ님<월석>←ᄯᆞᆯ+님】

⊙ 〈표〉에 제시한 자료와 정보는 『표준국어대사전』에서 설명에 필요한 정보만 가져온 것이다.

⊙ 〈표〉에 따르면, 현대 한국 언어사회에서 일어나는 음운 변동도 있지만 시간의 흐름을 두고 /ㄹ/이 탈락되어 현재는 새로운 어휘 항목으로 정착된 자료도 있다. 여기에서 통시적인 자료는 음운 변화가 일어났다고 설명할 수 있다. 〈표〉에서 제시한 자료 중 공시적인

자료는 용언에서의 /ㄹ/ 탈락으로 용언의 활용 과정에서 나타나는 중요한 현상이다. 반면 통시적인 자료는 체언에서의 /ㄹ/ 탈락으로 중세 때 표기가 굳어져 현대까지 이어진 것이다. 현대 한국어에서는 체언에서의 /ㄹ/ 탈락은 일어나지 않는다.

◆ 〈표〉에 제시한 자료는 한국 언어사회에서 많이 쓰이는 기초 어휘 범주에 속한다. 많은 언어 사용자들이 사용하면서 음운 변동이 일어나는 것으로, 음운 변동의 요인으로 사용 빈도도 꼽을 수 있다. 따라서 변동 조건이나 음운 환경이 같은 형식이라도 사용 빈도가 낮으면 음운 변동이 일어나지 않는다.

◆ 한글 맞춤법에서는 합성어나 파생어에서의 /ㄹ/ 탈락에 대해 다음과 같은 규정을 제시한다.

제28항 끝소리가 'ㄹ'인 말과 딴 말이 어울릴 적에 'ㄹ' 소리가 나지 아니하는 것은 아니 나는 대로 적는다.

다달이(달-달-이)	따님(딸-님)	마되(말-되)	마소(말-소)
무자위(물-자위)	바느질(바늘-질)	부나비(불-나비)	부삽(불-삽)
부손(불-손)	소나무(솔-나무)	싸전(쌀-전)	여닫이(열-닫이)
우짖다(울-짖다)	화살(활-살)		

◆ 이밖에도 겹받침 중에서 /ㄹ/ 탈락 규칙이 적용된 자료가 있다. 겹받침으로 쓰인 /ㄹ/이 탈락되는 자료도 있고, /ㄹ/ 탈락 규칙이 적용되지 않은 자료도 있다.

/ㄹ/ 탈락 현상과 규칙	
/ㄹ/ 탈락 규칙이 적용된 자료	/ㄹ/ 탈락 규칙이 적용되지 않은 자료
닭[닥], 칡[칙], 흙[흑], 삵[삭], 삶[삼ː], 읽다[익따], 굵다[극따], 맑다[막따], 굵다[국ː따], 늙다[늑따], 젊다[점ː따], 삶다[삼ː따], 닮다[담ː따]	얇다[얄ː따], 넓다[널따], 섧다[설ː따], 훑다[훌따], 핥다[할따], 닳다[달타], 싫다[실타], 끓다[끌타], 꿇다[꿀타]

⊙ /ㄹ/ 탈락 규칙이 적용된 자료 중에는 평파열음화로 설명할 수 있는 자료도 있다. 이와 같은 현상은 음절 말에서 자음군이 단순한 말소리로 실현되는 자음군 단순화子音群單純化 현상으로 설명하기도 한다.

⊙ 자료를 살펴보면, /ㄹ/ 탈락 규칙이 적용된 자료가 그렇지 않은 자료보다 사용 빈도가 높은 경향이 있다. 이와 같은 경향 또한 자연언어에서 나타나는 현상이므로 절대적인 규칙보다는 상대적인 규칙으로 논의하는 것이 합리적이다.

? 유음화 규칙이 적용된 로마자 표기를 찾아 보자(예 : 신림→Sillim, 선릉→Seolleung).

? 유음화 현상이 나타나는 친구 이름을 적어 보자.

? /닳는/, /뚫는/, /핥네/의 발음을 적어보고, 음운 변동 과정을 생각해 보자.

13. 구개음화

◆ 구개음화口蓋音化 *palatalization* 는 구개음이 아닌 음운이 경구개음으로 실현되는 현상과 규칙이다. 한국어 자음 체계에 따르면, 경구개음도 있고 연구개음도 있지만, 구개음화는 경구개음으로 실현되는 현상이다. 이에 대해『표준국어대사전』에서는 다음과 같은 정보를 제시하고 있다.

구개음-화(口蓋音化)[구ː──] 「명사」 『언어』

끝소리가 'ㄷ', 'ㅌ'인 형태소가 모음 'ㅣ'나 반모음 'ㅣ[j]'로 시작되는 형식 형태소와 만나면 그것이 구개음 'ㅈ', 'ㅊ'이 되거나, 'ㄷ' 뒤에 형식 형태소 '히'가 올 때 'ㅎ'과 결합하여 이루어진 'ㅌ'이 'ㅊ'이 되는 현상. '굳이'가 '구지'로, '굳히다'가 '구치다'로 되는 것 따위이다. ≒경구개음화·입천장소리되기.

⊙ 사전 정보에서 /굳이/는 한국어 음절 경계 이동과 연음 규칙을 적용하면 [구디]로 실현되어야 한다. 한편 /굳히다/는 음절 경계 이동, 연음 규칙, 축약 규칙을 적용하면 [구티다]로 실현되어야 한다. 그러나 한국어 사용자는 [구지]와 [구치다]로 표현한다. 곧 구개음이 아닌 치조음을 경구개음으로 바꾸는 변동 현상이다.

◆ 구개음화는 모음 / ㅣ /나 반모음 [j] 앞에서 구개음이 아닌 자음이 구개음으로 바뀌는 음운 변동 현상이다. 앞서 제시한 평파열음화나 비음화, 유음화 등은 같은 자음이 변동의 원인이지만, 구개음화는 모음이 자음 변동의 원인이 된다. 또한 동화同化 *assimilation*가 일어날 때 같은 조음 위치에서 음운 변동이 일어나는 것과는 달리 구개음화는 조음 위치와 조음 방법까지 달라진다.

조음 위치 / 조음 방법			두 입술	윗잇몸 혀끝	센입천장 혓바닥	여린입천장 혀 뒤	목청 사이
			양순음	치조음	경구개음	연구개음	후음
파열음	평음	예사소리	/해돋이/ /붙이다/	ㄷ		ㄱ	
	경음	된소리		ㄸ	치조음이 경구개음으로, 파열음이 파찰음으로 변동함.		
	격음	거센소리		ㅌ		ㅋ	
파찰음	평음	예사소리	[해도지] [부치다]		ㅈ		
	경음	된소리			ㅉ		
	격음	거센소리			ㅊ		
마찰음	평음	예사소리		ㅅ			ㅎ
	경음	된소리		ㅆ			
비음		콧소리	ㅁ	ㄴ		ㅇ	
유음		흐름소리		ㄹ			

◆ 구개음화 현상과 구개음화 규칙이 적용된 자료와 변동 양상은 다음과 같이 정리할 수 있다.

구개음화가 적용되는 현상과 규칙	
구개음화 규칙이 적용된 자료	변동 양상과 규칙
맏−이[마지], 반−닫이(半—)[반ː다지], 미닫−이[미ː다지], 해−돋이[−도지], 곧−이[고지], 굳−이[구지]	/ㄷ/→[ㅈ/ ___ 모음 /ㅣ/ ⇒ 연음 규칙이 먼저 적용된다.
같이[가치], 솥이[소치], 붙−이다[부치−], 낱낱−이[낟ː나치], 샅샅−이[삳싸치]	/ㅌ/→[ㅊ/ ___ 모음 /ㅣ/ ⇒ 평파열음화가 적용되지 않는다.
닫−히다[다치−], 굳−히다[구치−], 걷−히다[거치−], 갇히다[가치−]	/ㄷ+ㅎ/→[ㅌ]→[ㅊ/ ___ 모음 /ㅣ/ ①↑ ②↑ ① 축약→② 구개음화

⊙ 구개음화 현상과 규칙이 적용된 자료는 많지 않다. 그러나 표준어를 구사하는 데는 꼭 필요한 정보이다. 따라서 〈표〉에서 보는 바와 같이 『표준국어대사전』에서도 구개음화 규칙이 적용된 결과를 표제어에 명시하고 있다.

⊙ 학자에 따라서는 음성학적 층위에서 변이음(예 : 냠냠)으로 변동되는 자료를 논의하기도 하고, 방언 자료에서 나타나는 자료(예 :

기름→지름)를 논의하기도 한다. 여기서는 음운 층위에서 일어나는 변동 현상에 초점을 두고 있으므로 변이음 자료는 논의하지 않는다. 아울러 표준어와 표준 발음에 초점을 두고 있으므로 방언 자료 또한 논의하지 않는다.

◆ 다음과 같은 자료에서는 구개음화가 일어나지 않는다. 곧 /ㄷ, ㅌ/가 모음 /ㅣ/ 앞에 있어도 경구개음으로 변동하지 않는다.

구개음화가 적용되지 않는 현상과 규칙	
구개음화 규칙이 적용되지 않는 자료	특징
마디, 티눈, 간디, 느티-나무, 잔디 디디다(디디어[—어/—여](디뎌), 디디니) 무디다(무디어[—어/—여](무뎌), 무디니) 견디다(견디어[—어/—여](견뎌), 견디니)	하나의 실질 형태소로 구성된 어휘 항목이기 때문에 구개음화 규칙이 적용되지 않았다. 따라서 음운 변동이 일어나지 않는다.
밭-이랑 → [받이랑] → [받니랑] → [반니랑] 홑-이불 → [혿이불] → [혿니불] → [혼니불]	/ㅌ/→[ㄷ]→[ㄴ] ___ /ㄴ/ 첨가 　①↑　③↑　　　　②↑ ① 평파열음화→② 비음 첨가→③ 비음화

⊙ 구개음화 규칙은 접사나 어미와 같은 의존 형태소가 결합할 때만 적용되고, 자립 형태소로 구성되는 단일어나 합성어에는 적용되지 않는다. 그러나 통시적으로는 /둏+다/(好)>/좋+다/, /디다/(落)>/지다/, /티다/(打)>/치다/, /텬디/(天地)>/천지/, /부텨/(佛)>/부처/와 같은 자료를 찾을 수 있다.

⊙ 〈표〉에 제시한 자료 {밭-이랑[반니-]}은 합성어이기 때문에 구개
  음화 규칙을 적용하지 않지만(예문 : 밭이랑에 옥수수를 심었다),
  의존 형태소인 조사 {-이랑}과 결합한 {밭이랑}은 구개음화 규칙을
  적용하여 [바치랑]으로 변동되어 실현된다 (예문 : 논이랑 밭이랑
  샀다). 따라서 언어 사용자가 어떻게 발음하느냐에 따라서 그 의미
  도 달리 해석됨을 알 수 있다.

? 『표준국어대사전』에 따르면 북한어에는 {뎐기}가 있다. 그 의미는 다
  음과 같다 : 「1」『방언』 '전기15 電氣'의 방언(함북). 「2」『북한어』『물
  리』'전기15 「1」'의 북한어. 구개음화가 적용되지 않은 북한어 목록을
  조사해 보자.

? 구개음화가 적용되는 방언 자료를 조사해 보자.

? {센치미터}, {라지에이터}, {센치멘탈하다} 등으로 잘못 발음하는 외래
어의 올바른 표기를 찾아 보고, 이와 같이 발음하는 이유가 무엇인지
생각해 보자.

14. 경음화

◆ 경음화硬音化 *glottalization* 현상은 현대 한국 언어사회에서 쉽게 찾을 수 있는 현상이다. 대부분의 경음화 현상은 규칙으로 설명할 수 있지만, 일부 변동 현상은 음운 변동 조건과 관계없이 일어나기 때문에 음운 변동 규칙으로 설명하기 어렵다. 자료에 따라서는 언어 사용자나 언어사회의 심리 태도를 고려하여 설명하는 것이 적절하다. 이와 같은 현상은 언어 사용자가 경음화 규칙을 과잉 적용할 때도 나타나고, 언어 사용자가 규칙 적용 범위를 축소하여 적용할 때도 나타난다. 한국 언어사회에서 언어 사용자에 따라 규칙 적용 범위가 가장 차이가 큰 현상이 경음화 현상이다. 표준어 교육을 받은 언어 사용자 사이에서도 경음화 규칙의 적용 범위가 다르다.

◆ 어문 규정의 표준 발음법은 총 7장으로 구성되어 있는데, 제6장의 내용이 경음화로 23항부터 28항에 걸쳐서 규정을 제시하고 있다. 제5장의 음의 동화와 구별하여 규정을 제공할 만큼 경음화 현상은 현대 한국 언어사회에서 광범위하면서도 다양한 환경에서 일어나는 음운 변동 현상이다.

◆ 『표준국어대사전』에서 제시한 경음화에 대한 정보는 다음과 같다.

경음-화(硬音化) 「명사」 『언어』 「1」=된소리되기.

「2」 예전에 예사소리였던 것이 된소리로 변하는 현상. '곳'이 '꽃'으로, '곳고리'가 '꾀꼬리'로 되는 것 따위이다.

된소리-되기[된ː—되/뒌ː—뒈-] 「명사」 『언어』

예사소리였던 것이 된소리로 바뀌는 현상. '등불'이 [등뿔], '봄바람'이 '[봄빠람]'이 되는 것 따위이다. ≒경음화 「1」·농음화.

[참고] 학자에 따라서는 고유어 용어인 '된소리되기'를 사용하기도 한다.

◆ 경음화 규칙이 적용된 자료와 변동 양상과 조건을 살펴보면 매우 다양하다. 〈표〉에 제시한 자료는 완벽하지는 않지만 어느 정도 음운 변동 규칙으로 설명이 가능하다.

경음화 현상과 규칙	
경음화 규칙이 적용된 자료	변동 양상과 조건
국가(國家)[-까], 학교(學校)[-꾜], 먹다[-따], 작다[작ː따], 찍다[-따], 책상(冊床)[-쌍], 숟-가락[-까], 걷다[-따], 받다[-따], 입장(立場)[-짱], 입-버릇[-뻐른], 가볍다[—따], 무겁다[—따], 낮-잠[낟짬]	⇒ 변동 양상 : 평음→경음 　/ㄱ, ㄷ, ㅂ, ㅅ, ㅈ/→[ㄲ, ㄸ, ㅃ, ㅆ, ㅉ] ⇒ 변동 조건 : /ㄱ, ㄷ, ㅂ/ 뒤에서 　/ㄱ, ㄷ, ㅂ/ _____

닭─장(─欌)[닥짱], 읽지[익찌], 굵다[국ː따], 삵다[삭ː따], 값이[갑씨], 몫도[목또], 없다[업ː따], 앉다[안따], 넓다[널따], 삵다[삼ː따], 젊고[점ː꼬], 젊지[점ː찌], 늙고[늘꼬], 늙지[늑찌]	⇒ 변동 양상 : 평음→경음 /ㄱ, ㄷ, ㅂ, ㅅ, ㅈ/→[ㄲ, ㄸ, ㅃ, ㅆ, ㅉ] ⇒ 변동 조건 : 자음군 뒤에서 자음군 _____
넣소[너ː쏘], 좋소[조ː쏘], 옳소[올쏘], 싫소[실쏘]	⇒ 변동 양상 : 평음→경음 /ㅅ/→[ㅆ] ⇒ 변동 조건 : 어간의 끝 자음 /ㅎ/ 뒤에서 /ㅎ/ _____
삼다[삼ː따], 심다[삼ː따], 신다[신ː따], 안다[안ː따]	⇒ 변동 양상 : 평음→경음 /ㄱ, ㄷ, ㅂ, ㅅ, ㅈ/→[ㄲ, ㄸ, ㅃ, ㅆ, ㅉ] ⇒ 변동 조건 : 어간의 끝 자음 /ㄴ, ㅁ/ 뒤에서 /ㄴ, ㅁ/ _____ ⇒ 체언과 접사의 첫 자음에는 적용되지 않는다(예 : 돈도, 감기다/ 예외 : 손─가락[─까─]).
할 것을[할꺼슬], 갈 데가[갈떼가], 할 적에[할쩌게], 갈 곳[갈꼳], 만날 사람[만날싸람]	⇒ 변동 양상 : 평음→경음 /ㄱ, ㄷ, ㅂ, ㅅ, ㅈ/→[ㄲ, ㄸ, ㅃ, ㅆ, ㅉ] ⇒ 변동 조건 : 관형형 어미 /ㄹ/ 뒤에서 관형형 어미 /ㄹ/ _____
발전01 (發展)[─쩐], 출동(出動)[─똥], 갈등(葛藤)[─뜽], 물질(物質)[─찔], 설전(舌戰)[─쩐], 설득(說得)[─뜩], 출소(出所)[─쏘], 신발─장(─欌)[─짱]	⇒ 변동 양상 : 평음→경음 /ㄷ, ㅅ, ㅈ/→[ㄸ, ㅆ, ㅉ] ⇒ 변동 조건 : 한자어의 끝 자음 /ㄹ/ 뒤에서 ⇒ /ㄹ/ 뒤의 /ㄱ, ㅂ/은 변동하지 않는다(예 : 결과(結果), 발견(發見), 열변(熱辯), 출발(出發))

⊙ 〈표〉에 제시한 자료도 『표준국어대사전』에서 제공하는 발음 정보를 바탕으로 정리한 것이다.

⊙ 경음화는 /ㄱ, ㄷ, ㅂ/과 /ㄱ, ㄷ, ㅂ, ㅅ, ㅈ/이 만날 때 뒤의 평음이 경음으로 발음되는 현상이다. '읽다'나 '몫도'가 [익따]와 [목또]로 발음되는 것도 받침의 자음군 /ㄺ/과 /ㄳ/이 자음군 단순화를 거쳐 [ㄱ]으로 발음되면서 각각 어미 {-다}와 조사 {도}가 경음화된 것이다. '넣소'도 받침의 /ㅎ/이 평파열음화를 거쳐 [ㄷ]으로 변동되면서 어미 {-소}를 [쏘]로 경음화시킨 것이다. 따라서 위의 자료는 사실상 동일한 변동 조건을 가지고 있다.

⊙ 〈표〉에 제시한 한자어 물질物質[-찔]에서는 음운 변동이 일어나지만, [주로 해녀들이 바닷속에 들어가서 해산물을 따는 일]을 가리키는 고유어 {물질}에서는 경음화 현상이 일어나지 않는다.

◆ 한국 언어사회에서 일어나는 경음화 현상은 〈표〉에 제시한 것보다 훨씬 다양하다. 예컨대 음운 환경이나 변동 조건과 관계없이 일어나는 경음화 현상이 있다. 따라서 음운 변동 규칙으로 설명하기 어려운 자료가 있다. 예를 들면, 표준 발음은 아니지만 한국 언어사회에서 쉽게 찾을 수 있는 자료가 있다 : 효과效果[효:-]→효꽈, 김-밥[김:-]→김빱, 댄스dance→땐쓰, 밴드band→뺀드 등.

? 다음의 자료를 읽어 보고, 한국 언어사회 속에서 경음화 현상을 찾아
보자.

> ㄱ. 네 거 내 거 따지지 말자.
> ㄴ. 내일 다시 연락할게.
> ㄷ. 사우나(sauna)/ 서비스(service)/ 선(sun)

? 자신이 습관적으로 적용하는 경음화 규칙과 자료를 적어 보자.

? 경음화 현상의 적용 여부에 따라서 의미가 달라지는 단어를 찾아 보자.

> ㄱ. 선생님은 언어학의 대가(大家)이시다. / 노력한 만큼 대가(代價)를 받았다.
> ㄴ. 인적(人跡)이 드물다. / 인적(人的) 사항을 적어라.
> ㄷ. 병원에서 소장(小腸)과 위를 검사하였다. / 법원에서 소장(訴狀)이 왔다.
> ㄹ. 잠자리가 날아다닌다. / 일찍 잠자리에 들었다.

15. 음운 축약 현상과 규칙

◆ 음운 축약縮約 *contraction* 현상은 앞(08)에서 제시한 바와 같이 특정한 두 음운이 특정한 하나의 음운으로 실현되는 현상이다. 다음(16)에 논의하는 탈락 현상과 함께 한국 언어사회에서 쉽게 찾아볼 수 있는 음운 변동 현상이다. 음운 축약 현상은 다음과 같은 규칙으로 형식화할 수 있다. 탈락 현상과는 달리 변동을 일으키는 두 음운의 속성이 일부 남기는 하지만 결합하는 음운과는 다른 음운으로 실현된다.

> 규칙 : /X/ + /Y/ → /Z/
> 음운 X와 Y가 축약되어 Z로 실현된다.

◆ 『표준국어대사전』에서는 음운 축약에 대한 정보를 다음과 같이 제시하고 있다.

> **축약**(縮約)〔축약만[추강−]〕「명사」
> 「2」『언어』 두 형태소가 서로 만날 때에 앞뒤 형태소의 두 음소나 음절이 한 음소나 음절로 되는 현상. '좋고'가 '조코'로, '국화'가 '구콰'로, '가리+어'가 '가려'로, '되+어'가 '돼'로 되는 것 따위이다.

◆ 사전 정보에 따르면, 축약 현상은 자음과 자음이 결합할 때도 찾을 수 있고 모음과 모음이 결합할 때도 찾을 수 있다. 특히 음운 /ㅎ/이 축약 현상에 적극 관여한다. 그 결과 축약 현상 중에서 가장 많은 부분을 차지하는 자료와 현상으로는 격음화 激音化 현상 (또는 거센소리되기 현상)이 있다.

◆ 『표준국어대사전』에 따르면, 격음화(=거센소리되기) 현상과 규칙은 통시적인 자료에서도 찾을 수 있고 공시적인 자료에서도 찾을 수 있다. 여기에서는 음운 변동에 초점을 두기 때문에, 통시적인 변화가 단어로 정착된 자료는 논의하지 않는다.

격음-화(激音化)

「명사」 『언어』 =거센소리되기.

거센소리-되기[――되―/――뒈―] 「명사」 『언어』

예사소리 'ㄱ', 'ㄷ', 'ㅂ', 'ㅈ'이 거센소리 'ㅋ', 'ㅌ', 'ㅍ', 'ㅊ'으로 바뀌는 현상. 통시적으로는 '고[鼻]'가 '코', '갈[刀]'이 '칼'로 되는 따위이고, 공시적으로는 '입학'이 [이팍], '닫히다'가 '[다치다]'로 되는 것 따위이다. ≒격음화.

⊙ 사전 정보에서 고[鼻]>코, 갈[刀]>칼의 음운 변화를 제시하였지
만, 현대 한국 언어사회나 한국어 사용자는 그 과정을 쉽게 인지하
기 어렵다. 변화 과정을 엿볼 수 있는 자료로는 다음과 같은 자료
가 있다.

고뿔

「명사」 감기04(感氣)'를 일상적으로 이르는 말.【<곳블<분문>】

◆ 현대 한국 언어사회에서 쉽게 찾을 수 있는 격음화 현상은 음운 /ㅎ/
이 이끌어가고 있다. /ㅎ/이 앞에서 변동을 이끌기도 하고 뒤에서 변동을
이끌기도 한다. 자료와 변동 양상을 살펴보면 다음과 같다.

자음 축약 현상과 규칙 : 격음화		
분류	자료	변동 양상과 조건
앞	/놓+고/→[노코], /빨갛+고/→[빨가코], /좋:+던/→[조:턴], /쌓+지/→[싸치], /많:+고/→[만:코], /앓+던/→[안턴], /닳+지/→[달치], /싫+다/→[실타] 〈비교〉 /놓+는/→[논는], /놓+소/→[노쏘], /닳+는/→[달른], /많:+소/→[만:쏘]	⇒ 어간 끝자음 /ㅎ/과 어미 첫 자음 /ㄱ, ㄷ, ㅈ/이 이어질 때 격음 [ㅋ, ㅌ, ㅊ]으로 축약된다. 〈비교〉 격음과 상관속을 이루지 않는 자음이 이어질 때는 격음으로 축약되지 않는다.

자음 축약 현상과 규칙 : 격음화		
분류	자료	변동 양상과 조건
뒤	/법학/→[버팍] /먹+히+고/→[머키고] /앉+히+고/→[안치고] /맏+형/→[마텽]	⇒ /ㄱ, ㄷ, ㅂ, ㅈ/과 /ㅎ/이 이어질 때 격음 [ㅋ, ㅌ, ㅍ, ㅊ]으로 축약된다.
	/가족+한테/→[가조칸테] /옷 한 벌/→[오탄벌] /값하다/→[가파다]	⇒ 둘 또는 그 이상의 단어가 한 마디로 발음될 때에도 축약 현상은 나타난다.
	/각 홈페이지/→[가콤페이지]	⇒ 축약 현상은 외래어에서도 나타난다.

◆ 〈표〉에 따르면 /ㅎ/이 앞에 오는 자료는 주로 어간語幹 stem 에 해당하므로 어간과 어미語尾 ending 의 관계 속에서 축약 현상을 찾을 수 있다. 그러나 /ㅎ/이 뒤에 오는 자료는 매우 다양한 결합 관계 속에서 축약 현상을 찾을 수 있다. 예컨대, 고유어, 한자어, 외래어, 파생어, 합성어, 체언과 조사, 구절 등 다양한 형식에서 축약 현상을 찾을 수 있다.

◆ 격음화 현상을 일으키는 자음 /ㅎ/은 후음으로 분류되지만 조음 위치가 뚜렷하지 않아서 다른 자음보다 자음성이 약하다. 따라서 한국어 사용자는 음운 /ㅎ/을 다른 음운보다 힘이 약하다고 인지하여 명확하게 인

지하지 못하는 경향이 있다. 그 과정에서 /ㅎ/은 이어지는 자음에 [+유기성] 흔적만 남기면서 축약된다. 그러나 평마찰음 /ㅅ/과 이어질 때는 격음화 현상이 일어나지 않는다. 그 이유는 /ㅅ/은 격음과 상관되지 않기 때문이다(/ㅅ/은 경음 /ㅆ/과만 상관).

◆ 음성언어에서는 단어나 구절이 이어지기도 하는데 그 과정에서 휴지休止*pause*를 두지 않으면 표면 음성 표시에서 축약 현상이 나타난다. 예를 들면 /값하다/ → [가파다], /꽃 한 송이/ → [꼬탄송이], /밭 한 뙈기/ → [바탄뙈기]와 같이 두 개 이상의 단어를 이어서 발음할 때는, 평파열음화 규칙과 격음화 규칙이 함께 적용된다.

◆ 격음화 규칙이 적용되는 과정은 다음과 같이 정리할 수 있다.

/놓+고/	/않+던/	/낫+하고/	/밝+히+고/	기저 음운 표시
———	———	낟하고	———	평파열음화
노코	안턴	나타고	발키고	격음화
[노코]	[안턴]	[나타고]	[발키고]	표면 음성 표시

⊙ 〈표〉에 따르면, /놓고, 않던, 밝히고/에는 격음화 규칙만 적용되고, /낫하고/에는 격음화에 앞서 평파열음화 규칙이 먼저 적용됨을 알 수 있다. 뿐만 아니라 겹받침으로 실현된 자음군 /ㄶ, ㄺ/이 있지만 자음군 단순화는 일어나지 않음을 알 수 있다. 자음군 단순화

가 일어나면 /ㄶ, ㄹ/이 [ㄴ], [ㄹ]으로 변동되어 음운 축약이 일어나지 않기 때문이다. 〈표〉를 보면, /ㅎ/이 있는 기저형에서 언제나 같은 규칙이 동일한 순서로 적용되어 표면형으로 실현되지는 않음을 알 수 있다. 곧 규칙 적용에 빈칸이 생긴다.

◆ 한국 언어사회에서는 모음이 이어질 때도 축약 규칙을 적용한다. 한국어 사용자는 두 개의 단모음을 이중 모음으로 축약하면서 시간과 에너지를 아낀다. 곧 '단모음 + 단모음 → 이중 모음'으로 규칙을 세울 수 있다. 자료에 따라서는, 기저형에 축약 규칙을 적용하지 않은 표면형과 기저형에 축약 규칙을 적용한 표면형이 모두 자연스럽게 쓰인다. 그러나 실제 언어생활 속에서는 축약 규칙이 적용된 표면형이 더 자연스럽거나 더 많이 사용된다.

모음 축약 현상과 규칙 : 단모음 + 단모음 → 이중 모음	
자료	변동 양상과 조건
① /보+아라/ → [보아라] → [봐:라], /가꾸+어라/ → [가꾸어라] → [가꿔라], /오+아서/ → [*오아서] → [와서], /깨+우+어/ → [*깨우어] → [깨워], /채우+어라/ → [*채우어라] → [채워라]	① 어간 끝 모음 /ㅗ, ㅜ/가 어미 첫 모음 /ㅏ, ㅓ/과 이어지면서 이중 모음으로 축약된다. → 음절 초성에 자음이 없으면 축약되지 않은 표면형이 자연스럽지 않다.
② /기+어라/ → [기어라/기여라] → [겨:라], /싸+이+어/ → [싸이어] → [싸여]	② 어간 끝 모음 /ㅣ/가 어미 첫 모음 /ㅓ/와 이어지면서 이중 모음으로 축약된다 (/ㅣ + ㅓ/ → [ㅕ(jʌ)]).

자료	변동 양상과 조건
③ /차+이+어서/ → [차이어서] → [차여서], /나무+이+어야/ → [나무이어야] → [나무여야] 〈비교〉 부엌 [부억] [*뷕:], 수안보[수안보] [*솬보], 기억 [기억] [*격] ⇒ 드뎌(←드디어), 라됴(←라디오), 먄(←미안), 비됴(←비디오), 셤(←시험)	③ 서술격 조사 /ㅣ/가 어미 첫 모음 /ㅓ/와 이어지면서 이중 모음으로 축약된다 (/ㅣ+ㅓ/→[ㅕ(jʌ)]). 〈비교〉 단어 안에서는 의미 변동을 우려하여 축약 규칙을 적용하지 않는다. ⇒ 통신어에서는 한 단어 안에서도 축약이 일어난다.

[참고] 여기서 부호 *는 자연스럽지 않음을 뜻한다.

⊙ /기어/, /되어/는 [기어], [되어]로 발음하는 것이 원칙이고 [기여], [되여]로 발음하는 것도 허용한다. [기어]가 [기여]로도 발음되는 것은 모음 충돌 회피 현상으로 두 모음 /ㅣ/와 /ㅓ/ 사이에 반모음이 첨가된 것이다. 이는 발음상 허용하는 것이고, 표기는 '기어', '되어'만을 인정한다.

⊙ 한국 언어사회에서 축약 규칙이 적용된 /뛰+어라/→ [뛔:라], /쉬+어/→ [쉬:], /바뀌+어/→ [바꿔] 등과 같은 표면형도 찾을 수 있지만 표준 발음으로는 인정하지 않는다. 최근 통신이나 방송에서 '사귀어라'나 '바뀌어서'를 '*사겨라', '*바껴서' 등으로 잘못 사용하

는 경우가 많다. 표면형으로는 [사궈:라], [바꿔:서]로 실현되더라도 '사귀어라'나 '바뀌어서'로 표기하는 것이 올바른 표기법이다.

◉ 최근 통신언어에서는 단어 안에서도 다양한 모음 축약 현상이 있지만 표준어나 표준 발음으로 인정하지는 않는다. 이와 같은 현상은 스마트폰에서 더욱 더 확장되어 연락처를 초성으로만 표기할 때도 나타난다 (예 : 이현수 → ㅇㅎㅅ).

◆ 모음 축약 현상은 학자에 따라서 모음 교체 현상으로 보기도 한다. 예를 들면 음절수가 줄었다는 점에 초점을 맞춘다면 축약으로 볼 수 있고(단모음＋단모음→이중 모음으로 본다면), 반모음도 모음으로 인정하면 단모음이 반모음으로 교체되었다고 설명할 수 있다(단모음＋단모음→반모음＋단모음으로 본다면). 여기에서는 한국어 모음 체계를 고려하여 축약 현상으로 본다. 그 이유는 한국어 모음 체계에서 반모음은 음운으로 인정하지 않기 때문이다.

? 다음 자료에서 나타나는 음운 변동 현상을 생각해 보고, 이와 관련된 한글 맞춤법 규정을 찾아 정리해 보자.

가(可)하다 부(否)하다 → 가타 부타(→ 가타부타)   무능하다 → 무능타
부지런하다 → 부지런타   감탄하게 → 감탄케   달성하게 → 달성케
실망하게 → 실망케   당(當)하지 → 당치   무심하지 → 무심치
분발하도록 → 분발토록   실천하도록 → 실천토록   추진하도록 → 추진토록
달성하고자 → 달성코자   청하건대 → 청컨대

? 축약 규칙이 적용된 자료를 바탕으로 기저 음운 표시와 표면 음성 표시를 적어 보자.

? 축약 현상이 일어나는 원인과 동기에 대하여 조사해 보자.

? 다음의 통신언어 자료에서 축약 현상을 찾아 보자.

추카(← 축하)   글쿤(← 그러쿤 ← 그렇군)
무셔(← 무서워)   무쟈게(← 무지하게)

16. 음운 탈락 현상과 규칙

◆ 음운 탈락脫落 *deletion* 현상은 특정한 음운 환경이나 변동 조건 아래서 기저형에 있던 음운이 표면형에서 없어지는 현상이다. 음운 탈락 현상으로는 자음 탈락, 모음 탈락, 운소 탈락, 음절 탈락을 예로 들 수 있지만, 언어 전반에 걸쳐서 어절, 구절 등이 탈락(또는 삭제)되기도 한다.

◆ Elizabeth Zsiga (2006 : 47 - 48)에서는, 음운을 연구하는 학자들은 기저에 있는 음운과 실제로 발음되는 음성의 관계를 기술하는 데 관심을 가지고 있다고 밝히면서 다음과 같은 생성 과정을 제시하고 있다. {grandmother}의 기저형과 표면형 사이에서 탈락 규칙과 동화 규칙이 적용되는 단계를 보여주고 있다.

Underlying representation : grandmʌ ɜ ər		기저 (음운) 표시
Rule 1, deletion :	granmʌ ɜ ər	규칙 1, 탈락 : /d/ → ø
Rule 2, assimilation :	grammʌ ɜ ər	규칙 2, 동화 : /n/→/m/
Surface representation :	grammʌ ɜ ər	표면 (음성) 표시

◆ 음운 탈락 현상이 일어나는 주요 원인으로는 언어 사용자가 가능하면 쉽게, 간단하게 힘을 안 들이고 발음하기 위함이다. 언어의 경제성을 가장 잘 보여 주는 현상으로 모든 언어사회에서 쉽게 찾을 수 있다. 따라서 음운 탈락 현상은 언어의 보편성으로 설명할 수 있다.

◆ 『표준국어대사전』에서는 탈락에 대한 정보를 다음과 같이 제시하고 있는데, 탈락의 대상은 주로 음절과 음운이다.

> **탈락**02 (脫落) [탈락만[-랑-]] 「명사」
>
> 「2」 『언어』 둘 이상의 음절이나 형태소가 서로 만날 때에 음절이나 음운이 없어지는 현상. '가+아서'가 '가서'로, '울+는'이 '우는'이 되는 것 따위이다.

◆ 한국 언어사회에서 음운 탈락이 일어나는 현상으로는 크게 자음 탈락, 모음 탈락, 운소 탈락, 음절 탈락을 꼽을 수 있다. 자음 탈락 현상으로는 유음 /ㄹ/과 후음 /ㅎ/이 탈락되는 현상이 지배적으로 나타난다. 한편, 모음 탈락 현상으로는 조음 위치가 뚜렷하지 않은 /ㅡ/와 두 모음이 같거나 유사할 때 모음 하나를 탈락시키는 경향이 높다.

◆ 한국 언어사회에서 자음 /ㄹ, ㅎ/과 모음 /ㅡ/가 탈락하는 현상은 각 음운의 소릿값이나 특성으로 설명할 수 있다. 예컨대, /ㄹ/과 /ㅎ/은 장애를 받는 위치가 정확하지 않아서, 언어 사용자가 명확하게 인지하기 어렵기 때문에 탈락시킨다고 설명할 수 있다. 또는 한국어 자음 체계 속에서 /ㄹ,

ㅎ/은 안정감이 없는 자음이기 때문에 탈락된다고 설명할 수 있다. 유음 범주에도 /ㄹ/ 하나만 있고, 후음 범주에도 /ㅎ/ 하나만 있다는 점에서 안 정감이 없다고 본다. 한국어 자음 체계를 살펴보면, 상관속 범주, 비음 범 주에는 자음이 3개씩 관련되고, 상관쌍 범주에는 2개의 자음이 관련된다. 그러나 /ㄹ/과 /ㅎ/은 단독으로 범주를 구성하고 있다는 점에서 안정감이 없다고 본다. 마찬가지로 모음 /ㅡ/도 다른 모음과는 달리 안정감이 없다. 전설모음이나 후설모음과는 달리 언어 사용자가 정확하게 인지하기 어렵 다. 따라서 /ㅡ/ 탈락 현상도 자주 일어난다. 끝으로 같거나 비슷한 모음은 언어 사용자가 두 번 반복하는 것을 꺼리기 때문에 자연스럽게 탈락시킨다 고 설명할 수 있다.

◆ 한국 언어사회에서 나타나는 /ㄹ/ 탈락 현상과 규칙을 살펴보면 다음 과 같다.

/ㄹ/ 탈락 현상과 규칙	
자료	변동 양상과 조건
놀다[놀:-], 노니[노:-], 노는 멀다[멀:-], 머니[머:-], 먼 길다[갈:-], 기니[갸:-], 긴 갈다, 가니, 간	⇒ 변동 양상 : /ㄹ/ 탈락 　　　　　/ㄹ/→[ø] ⇒ 변동 조건 : 어간 끝 자음 /ㄹ/이 　　　　　/ㄴ/ 앞에서 탈락한다. 　　　　＿＿＿ /ㄴ/

/ㄹ/ 탈락 현상과 규칙	
자료	변동 양상과 조건
놀다[놀:-], 놀아[노라], 놀지 멀다[멀:-], 멀어[머:러], 멀지 길다[길:-], 길어[기러], 길지 갈다, 갈아[가라], 갈지	변동 조건이 맞지 않으므로 /ㄹ/ 탈락 규칙이 적용되지 않는다.
따ᄂ님 「명사」 【<ᄯᆞᆫ님<ᄯᆞᆯ님<월석>←ᄯᆞᆯ + 님】 아드ᄂ님 「명사」 【<아ᄃᆞᆫ님<아ᄃᆞᆯ님<월곡>←아ᄃᆞᆯ + 님】	/ㄹ/ 탈락 규칙이 적용되어 단어 형태 가 달라진 자료로 통시적인 설명이 가 능하다.

⊙ 현대 한국어 어휘 목록語彙目錄 *lexicon*에는, /ㄹ/ 탈락 규칙이 적
용되지 않은 {딸, 아들}도 있고, /ㄹ/ 탈락 규칙이 적용된 {따님, 아
드님}도 있다.

◆ /ㄹ/이 /ㄴ/ 앞에서만 탈락하는 것은 아니다. 예를 들면 {오늘 노나,
젊어서 노세}에서는 /ㄹㄴ/의 연쇄가 나타나지 않는데도 유음이 탈락한
다. 이유는 무엇인지 그 과정을 살펴 보자.

/놀:+는구나/	/놀+으나/	/놀:+으세/	기저형 음운 표시
	놀:나	놀:+세	/ㅡ/ 탈락
노:는구나	노:나	노:세	/ㄴ, ㅅ/ 앞에서 어간 끝 자음 /ㄹ/ 탈락

[노:는구나]	[노:나]	[노세]	표면형 음성 표시

⇒ 어간 끝 자음 /ㄹ/ 뒤에서 어미의 모음 /ㅡ/가 탈락하고, 자음 /ㄴ, ㅅ/ 앞에서 /ㄹ/이 탈락한다.

◆ 학계에서는, 이와 같은 /ㄹ/ 탈락 현상에 대하여 공시적인 설명보다는 통시적인 설명을 하고 있다. 15세기 국어에서 /ㄴ, ㄷ, ㅅ, ㅿ, ㅈ/ 등 치조음 앞에서 어간 끝 /ㄹ/이 수의적으로 탈락하던 현상이 현대 한국어에도 그 흔적이 남아 있다고 설명한다. 그 과정은 다음과 같이 정리할 수 있다.

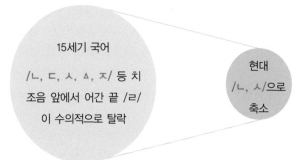

◆ 공시적으로 설명한다면, {노나}가 표면형으로 실현되는 것은 현대 한국어 사용자가 /ㄹ/ 탈락 규칙을 먼저 적용한 후에 어미 {나}를 결합한 것으로 볼 수 있고, {노세}는 자주 사용하다 보니까 {빨리 가세}와 같이 /ㄹ/이 탈락한 {노-}를 동사 어간처럼 인지한 것으로 설명할 수 있다. 그러나 현대 한국어 사회에서 {노세}, {가세}와 같은 하게체 문체를 사용하는 언어 사용자는 점차 적어지고 있다.

◆ /ㅎ/ 탈락 현상 자료와 변동 양상

/ㅎ/ 탈락 현상과 규칙	
자료	변동 양상과 조건
좋다[조ː타], 좋아[조ː-], 좋으니[조ː ㅡ] 낳다[냐ː타], 낳아[나ㅡ], 낳으니[나ㅡ], 낳는[난ː-] 많다[만ː타], 많아[먀ː나], 많으니[먀ː느ㅡ], 많소[만ː쏘]]	⇒ 변동 양상 : /ㅎ/ 탈락 /ㅎ/→[∅] ⇒ 변동 조건 : 어간 끝 자음 /ㅎ/이 모 음으로 시작하는 어미나 접사 앞에 서 탈락한다. _____ /모음/으로 시작하는 어미나 접사

◆ /ㅎ/은 조음 위치가 뚜렷하지 않아서, 모음과 모음 사이, 또는 공명음
과 모음 사이에서는 탈락한다. 이 현상은 기저형인 음운 표시에서 표면형
인 음성 표시까지 영향을 주지만, /ㄹ/ 탈락과는 달리 표기에는 반영하지
않는다. 그러나 실제 언어생활에서는 한글 맞춤법에는 맞지 않지만 {조은
가격}이라는 광고나 간판도 볼 수 있고, "기분이 조아요"와 같은 표현은
통신언어에서도 쉽게 볼 수 있다. {조은}이나 {조아요}로 표기하여도 한국
어 사용자는 {좋은}, {좋아요}로 이해한다고 믿기 때문에 한글 맞춤법에는
맞지 않는 이와 같은 표기를 사용하는 것이다.

◆ 겹받침에 쓰인 /ㅎ/ 탈락과 함께 겹받침으로 실현되는 자음군에서도
하나의 음운이 탈락되는 현상이 있다. 예를 들면 다음과 같은 자료에서도

/ /으로 표기한 기저형과 [ ]으로 표기한 표면형 사이에 변동이 일어남을 알 수 있다.

자음군에서 실현되는 탈락 현상과 규칙	
자료	변동 양상
① /넋/→[넉], /넋+과/→[넉꽈], /몫+도/→[목또], /삯+만/→[상만]	① /ㄳ/ → [ㄱ]
② /앉+고/→[안꼬], /앉+는데/→[안는데], /얹+지/→[언찌]	② /ㄵ/ → [ㄴ]
③ /많:+네/→[만:네], /끊+는/→[끈는], /끊+습니다/→[끈씀니다] 〈비교〉 /많:+다/→[만:타], /않+고/→[안코], /끊+지/→[끈치]	③ /ㄶ/ → [ㄴ]
④ /닭+도/→[닥또], /칡/→[칙], /흙+만/→[흥만]→[흥만] 〈비교〉 /맑+게/→[말께], /굵:+고/→[굴:꼬]	④ /ㄺ/ → [ㄱ]
⑤ /삶:+도/→[삼:도], /앎:/→[암:], /굶:+다가/→[굼:따가]	⑤ /ㄻ/ → [ㅁ]
⑥ /여덟/→[여덜], /여덟+만/→[여덜만], /넓+고/→[널꼬]	⑥ /ㄼ/ → [ㄹ]
⑦ /돐/→[돌] (이 자료는 문자언어까지 영향을 주었다.)	⑦ /ㄽ/ → [ㄹ]
⑧ /핥+고/→[할꼬], /핥+는/→[할른], /훑+더라도/→[훌떠라도]	⑧ /ㄾ/ → [ㄹ]
⑨ /읊+고/→[읍꼬], /읊+는데/→[음는데], /읊+지/→[읍찌]	⑨ /ㄿ/ → [ㅂ]
⑩ /뚫:+네/→[뚤:레], /앓+는/→[알른], /싫+소/→[실쏘] 〈비교〉 /끓+더라도/→[끌터라도], /잃+지/→[일치]	⑩ /ㅀ/ → [ㄹ]
⑪ /값/→[갑], /값+도/→[갑또], /없+고→/[업꼬]	⑪ /ㅄ/ → [ㅂ]

◉ 자음군 단순화 자료와 변동 양상을 살펴보면, 자음군에서 탈락하는 자음은 다양하다. 예를 들면 자음군에서 /ㄹ/ 또는 /ㅎ/이 탈락된 자료도 있지만, /ㄹ/과 /ㅎ/이 실현된 자료도 있다. 예컨대 한국 언어 사용자는 연극 제목 {늘근도둑이야기}가 /늙은도둑이야기/에

서 변동하였음을 쉽게 인지한다.

◉ 〈비교〉에 제시한 바와 같이, 모든 자료를 하나의 변동 양상이나 규칙으로 설명하기는 어렵다. 따라서 자연언어를 대상으로 한 음운 변동 현상과 규칙은 그 언어사회에 얼마나 영향을 주느냐에 초점을 두고 설명하는 것이 합리적이다.

◆ 자음군 단순화는 다음과 같이 설명하는 것이 적절하다. 첫째, 한국 언어사회에서는 음절 말 위치에 놓이는 자음은 하나를 넘을 수 없다. 따라서 기저형에 자음군이 있어도 표면형에서는 하나의 자음으로 실현된다. 둘째, 〈표〉에서 보는 바와 같이 음절 말 자음군 단순화 현상은 하나의 규칙으로 설명하기 어렵다. 곧 다양한 현상을 설명할 수 있는 규칙도 없고, 규칙으로 모든 변동 양상을 예측하기도 어렵다. 따라서 한국어 교수-학습 현장에서는 『표준국어대사전』을 활용하는 것이 합리적이다. 최근에는 실제 발음 자료도 있어서 모든 언어 영역(읽기, 말하기, 듣기, 쓰기)에 걸쳐서 적극 활용할 수 있다.

◆ 한국 언어사회에서 /ㅡ/ 탈락 현상도 쉽게 찾을 수 있는 변동 현상이다. 앞에서도 밝힌 바와 같이 /ㅡ/ 또한 소릿값이나 특징이 뚜렷하지 않은 모음이라 언어 사용자가 명확하게 생성하거나 인지하지 못하는 음운이다. 그 결과 다음과 같이 다양한 자료에서 /ㅡ/ 탈락 현상이 나타난다.

모음 /ㅡ/ 탈락 현상과 규칙	
자료	변동 양상과 조건
① /기쁘+어도/→[기뻐도], /모으+아라/→[모아라], /슬프+어도/→[슬퍼도], /아프+아서/→[아파서] 〈비교 1〉 /긋어/→[그어]→[*거] 〈비교 2〉 /그+의/→[그의]→[*긔], 　　　　　/카드+이다/→[카드이다, 카드다] 　　　　　→[*카디다]	① /ㅏ, ㅓ/로 시작하는 어미 앞에서 어간 끝 모음 /ㅡ/는 탈락된다. 〈비교 1〉 'ㅅ-불규칙' 용언은 적용되지 않지만 실제 언어생활에서는 {빨리 줄 거}로 표현하기도 한다. 〈비교 2〉 체언과 조사의 결합 과정에서는 적용되지 않는다.
② /끄+으면/→[끄면], /되+으면/→[되면], /보+으니/→[보니], /피+으니/→[피니], /하+으마/→[하마], /물+으면/→[물면], /살+으리라/→[살리라], /흔들+으면/→[흔들면] 〈비교〉 /듣+으니/→[드르니], /묻ː+으면/→[무르면]	② 모음이나 유음으로 끝나는 어간 뒤에서 어미의 첫 모음 /ㅡ/가 탈락된다. 〈비교〉 'ㄷ-불규칙' 용언은 같은 조건이라도 /ㅡ/가 탈락되지 않는다.
③ /나무+으로/→[나무로], /바다+으로/→[바다로], /차+으로/→[차로], /물+으로/→[물로] 〈비교〉 /달+은/→[다른]→[*단], /그물+은/→[그무른]→[*그문], /허물+을/→[허무를]→[*허물]	③ 모음이나 유음으로 끝나는 체언 뒤에서 조사 첫모음으로 쓰인 /ㅡ/가 탈락된다. 〈비교〉 조사 {은, 을}이 실현될 때는 적용되지 않는다.

[참고 1] 여기에서 별표(*)가 붙은 표면형은 표준 발음이 아니다.
[참고 2] 이 〈표〉에서도 / /는 기저 음운을 표시하고, [ ]는 표면 음성을 표시하고, 화살표(→)는 변동을 표시한다.

⊙ 〈표〉에서 /묻:+으면/은 두 가지 표면형으로 실현된다. 질문과 관련되면 [무르면]으로 실현되고, '파묻다'와 관련되면 [무드면]으로 실현된다. 곧 기저형은 /묻다/ 하나이지만 의미가 다르기 때문에 다른 음운 변동 규칙을 적용한다.

⊙ 이와 같은 /ㅡ/ 탈락 현상은 {럽(러브)스타그램}이라는 연극 제목처럼 외국어 표기에서도 나타난다.

◆ /ㅡ/ 탈락 현상은 모음 또는 모음과 가까운 유음과의 연쇄를 막기 위해서 일어나는 특징이 있다. /ㅡ/는 상대적으로 다른 모음보다 조음 위치가 확실하지 않고, 모음 체계에서도 힘이 약한 모음이다. 따라서 언어 사용자도 /ㅡ/를 명확하게 인지하지 못하는 경향이 있다. 그 결과 한국 언어사회에서 /ㅡ/의 기능 부담은 다른 모음보다 낮다. 따라서 다른 모음보다 탈락 규칙이 적용된 자료가 많다고 설명할 수 있다.

◆ 한국 언어사회에서는 어미의 첫소리로 쓰이는 /ㅏ/ 또는 /ㅓ/가 탈락되는 현상이 있다. 이 현상도 모음의 연쇄를 막기 위한 것이다. 특히 같거나 비슷한 모음이 이어지는 것을 막기 위하여 모음으로 끝난 어간 뒤에서 어미의 첫 모음을 탈락시키는 경향이 높다. 예를 들면 다음과 같은 자료가 이에 속한다.

모음 /ㅏ, ㅓ/ 탈락 현상과 규칙	
자료	변동 양상과 조건
/가+아라/→[가라], /사+아라/→[사라], /가+았다/→[갔다], /서+어라/→[서라], /서+었다/→[섰다], /건너+어서/→[건너서], 〈비교〉 /개:+어/→[개어/개여/개:], /깨(破)+어/→[깨어/깨여/깨:], /되+어서/→[되어서/되여서/되:서/뒈어서/뒈여서/뒈:서]	모음으로 끝난 어간 뒤에서 어미에 쓰인 첫 모음 /ㅏ, ㅓ/가 탈락된다. 〈비교〉 /ㅐ, ㅔ, ㅚ, ㅞ/로 끝난 어간 뒤에서는 수의적으로 탈락된다.

⊙ 〈표〉에 따르면, 모음 /ㅏ, ㅓ/ 탈락 현상은 주로 같은 모음일 때 규칙이 적용된다. 특히 사용 빈도가 높은 어간과 어미 사이에서 나타나는 경향이 있다. 반면에 빈도가 낮은 자료에서는 이 규칙이 매우 수의적으로 적용된다. 같은 모음이 겹쳐질 때 하나의 모음을 탈락시키는 것은 언어 사용자가 가능하면 조음하는 데 필요한 에너지를 아끼기 위함이다. 언어 사용자는 중요한 정보를 전달하는 데 중점을 두기 때문에 두 개의 같은 모음이 있다면 어간보다는 어미에 탈락 규칙을 적용한다.

⊙ 변동 양상에서 어간에 있는 모음이 탈락하는 것으로 설명하지 않고, 어미에 있는 모음이 탈락하는 것으로 설명하는 것은, 어간이 어미보다 상대적으로 의미와 기능이 명확하기 때문이다. 정리하

면 다음과 같다 : /가+아/→[ㄱ+아]로 설명하는 것보다는 /가+
아/→[가+Ø]로 설명하는 것이 합리적이다.

◆ 한국어 사용자는 이중 모음이 기저형인 자료를 표면형에서 단모음으
로 실현시키는 경향이 있다. 그 과정에서 이중 모음을 구성하고 있는 반
모음 [j]가 탈락되는 현상이 일어난다. 이때에도 모음보다는 힘이 약하
고 조음 위치가 명확하지 않아서 인지하기 어려운 반모음이 탈락된다.
그 결과 표준 발음에서도 이중 모음을 단모음으로 발음하는 것을 인정한
자료가 있다.

◆ 이중 모음을 단모음으로 변동시키는 과정에서 반모음이 탈락한다.
곧 반모음이 탈락하면서 이중 모음은 단모음으로 변동된다. 예를 들면
다음과 같다.

반모음 [j] 탈락 현상과 규칙	
자료	변동 양상과 조건
① /가+지+어/ → [가져] → [가저], /다치+었+다/ → [다쳤다] → [다첟따], /묻+히+었+으니/ → [묻혔으니] → [무첟쓰니], /치+어라/ → [쳐라] → [처라]	① 변동 과정 /ㅣ+ㅓ/→[ㅕ]→[ㅓ] ⇑ ⇑ 축약 반모음 탈락 경구개 자음 /ㅈ, ㅉ, ㅊ/ 뒤에서 반모음 [j]가 탈락된다.

반모음 [j] 탈락 현상과 규칙	
자료	변동 양상과 조건
② /그렇+지 않+은/→[그렇잖은]→[그러차는], /만만하+지 않+다/→[만만찮다] →[만만찬타], /적+지 않+은/→[적잖은]→[적짜는]	② 경구개 자음 /ㅈ, ㅉ, ㅊ/ 뒤에서 반모음 [j]가 탈락된다. 한글 맞춤법에서는 반모음이 없는 형태 (그렇잖은, 만만찮다, 적잖다)로 적기로 하였다. 음운 변동이 표기 변동까지 일으킨 것이다.
③ /가+자+요/ → [가죠] → [가조], /책+이+자+요/ → [책이죠] → [채기조]	③ 종결형 어미 {-지}와 보조사 {-요}가 연결되면서 만들어진 {-죠}에서 반모음 [j]가 탈락된다.

⊙ 〈표〉에 제시한 자료에 따르면, 반모음 탈락 현상은 축약 현상과도 밀접하게 관련되어 있다. 1단계에서 축약이 일어나고, 2단계에서 반모음이 탈락한다. 〈표〉에서 화살표는 변동이 일어나는 단계도 보여준다. 언어 사용자에 따라서는 기저형에 1단계 축약 규칙만 적용하고 2단계 반모음 탈락 규칙은 적용하지 않는다.

⊙ 앞에서 논의한 /ㄹ, ㅎ, ㅡ, ㅏ, ㅓ/ 등과는 달리 반모음 [j]는 / /으로 표기하지 않고 [ ]으로 표기한다. 그 이유는 한국어 음운 체계에서 반모음은 음운으로 인정하지 않기 때문에 음성 표기를 사용한다.

◆ 반모음 [j] 탈락 현상은 몇 가지 특징이 있다. 경구개 자음 뒤에서 반모음이 탈락하는 현상은 조음 위치가 비슷하기 때문이다. 조음 위치에 관한 정보는 앞(04)에서 제시한 자음의 조음 위치에서도 확인할 수 있다. 통시적으로는 광범위하게 일어난 음운 현상으로 다음과 같은 자료를 찾을 수 있다 : 쟈랑>자랑, 쳔>천, 쵸燭>초, 텬하>천하, 둏다>좋다, 듕심>중심 등.

◆ 어문 규정의 표준 발음법에서는 용언의 활용형에 나타나는 /져, 쪄, 쳐/의 발음에 대해서 다음과 같은 규정을 제시한다. '다만 1'의 내용은 앞(07)의 음절 구성 제약에서 제시한 것처럼, /ㅈ, ㅉ, ㅊ/ 다음에 이중 모음이 발음되지 않음을 규정한 것이다.

제5항 'ㅑ ㅒ ㅕ ㅖ ㅘ ㅙ ㅛ ㅝ ㅞ ㅠ ㅢ'는 이중 모음으로 발음한다.

다만 1. 용언의 활용형에 나타나는 '져, 쪄, 쳐'는 [저, 쩌, 처]로 발음한다.
　　　가지어→가져[가저]　　　찌어→쪄[쩌]　　　다치어→다쳐[다처]

◆ 반모음 탈락 현상은 외래어 표기법에도 영향을 주어서 영어의 파찰음 'tʃ, dʒ' 뒤에 연결되는 이중 모음은 [j] 탈락 규칙을 적용하여 단모음으로 발음하고 표기한다. 다음 표에서 표기법에 맞는 자료는 (○)로 표기한 것이다. (×)로 표기한 것은 외래어 표기법에서 인정하지 않는 자료이다.

영어	John		juice		venture		chewing	
표기	죤(×)	존(○)	쥬스(×)	주스(○)	벤쳐(×)	벤처(○)	츄잉(×)	추잉(○)

⊙ 〈국어 어문 규정집〉의 외래어 표기법 제1절 영어의 표기 해설에서
는 다음과 같이 설명한다.

"제3항 3)은 [ʒ]는 '지'로 적는다고 하면 대단히 간단해진다. 그러나 이렇게 하
면 'vision[viʒən]'은 '비젼'이 되어야 하는데, 국어에서는 '져'가 '저'로 발음된
다. '저'뿐만 아니라 '쟈, 죠, 쥬, 챠, 쵸, 츄'가 '자, 조, 주, 차, 초, 추'로 발음된다.
'ㅈ, ㅊ'이 이미 구개음이기 때문이다. 따라서 '쟈, 죠' 등의 표기는 무의미하다.
국어의 맞춤법에서 '가져, 다쳐' 같은 표기가 있지만, 그것은 이들이 각각 '가지
어, 다치어'의 준말이라는 문법적 사실을 보이기 위한 표기에 불과하다."

◆ 음운 탈락 유형에는 운소韻素 *prosodeme* 탈락 유형도 있다. 앞(04)에
서 논의한 바와 같이, 운소는 언어에 따라서, 학자에 따라서, 또는 지역에
따라서 내용도 다르고 그 수도 다르다. 여기에서는 현재 한국 언어사회
에서 운소 변동 현상 또는 음운 변동으로 인지할 수 있는 운소인 길이長
短 *length*, 곧 장단에 초점을 맞추어 논의하기로 한다.

◆ 한국 언어사회에서는 운소나 운소 변동에 대한 관심이 점차 낮아지
고 있다. 따라서 운소 변동 자료 또한 『표준국어대사전』 정보에 의존하고
있다. 한국어 사용자가 인지하는 운소 예컨대 음의 길이는, 중국어 사용
자가 인지하는 중국어 성조聲調 *tone* 나, 영어 사용자가 인지하는 영어의

강세 强勢 *stress*, 억양 抑揚 *intonation* 등과는 기능이나 영향력 면에서 큰 차이가 있다. 음의 길이로 의미를 구별할 수 있는 한국어 사용자가 많지 않고, 음의 길이를 달리하여 의미를 전달하는 언어 사용자도 점차 적어지고 있다. 따라서 한국 언어사회에서 운소 /길이/의 기능은 점차 약화되고 있다.

◆ Elizabeth Zsiga (2008 : 29)에 따르면 일본어에서도 모음의 /길이/가 운소로서의 기능을 한다 : [biːru]는 beer 를 [biru]는 building 을 가리킨다. 따라서 모음의 길이가 의미를 구별하는 데 관여하는 운소이다.

◆ 한국 언어사회에서 운소 /길이/ 탈락 규칙은 모음을 짧게 발음하는 단모음화 短母音化 규칙으로 설명하기도 한다. 그러나 한국어 사용자는 모음의 길이로 의미를 구별하기보다는, 실제 담화 현장이나 상황을 통하여 의미를 구별하는 경향이 높다. 따라서 기저형 /길이/에 관심이 많지 않고 이에 따라 운소 변동 과정이나 그 결과로 나타나는 표면형에 관한 정보도 많지 않다. 뿐만 아니라 한국어 사용자는 감정이나 기분에 따라서 모음을 길게 또는 짧게 발음한다. 따라서 한국 언어사회 속에서 운소 [±길이] 자질의 변동 현상을 명시적인 규칙으로 설명하거나 교수−학습 정보로 활용하기 어려운 점이 있다. 여기서는 어문 규정에서 논의하는 [±길이]에 관한 정보에 중점을 두기로 한다.

◆ 사전 자료와 어문 규정을 바탕으로 기저형에서 운소 /길이/(사전에 표기되었다는 점에서 기저형으로 본다)가 탈락하는 자료를 살펴보기로 한다.

단모음화 : 모음과 함께 실현되는 기저형 운소 /+길이/가 표면형에서 [−길이]로 실현된다.	
자료	변동 양상과 조건
① /눈:#사:람/→[눈:싸람], /봄#눈:/→[봄눈]	① 복합어 형성 과정에서 모음의 길이가 짧아진다.
② /남:+으면/→[나므면], /담:+아라/→[다마라]	② 모음으로 시작하는 어미 앞에서 어간의 모음 길이가 짧아진다.
〈비교 1〉 /감:+고/→[감:꼬], /웃:+더+라/→[욷:떠라]	〈비교 1〉 자음으로 시작하는 어미 앞에서는 모음의 길이가 변동되지 않는다.
〈비교 2〉 /많:+아서/→[마:나서], /얻:+으니/→[어:드니]	〈비교 2〉 모음으로 시작하는 어미 앞에서 모음의 길이가 짧아지지 않는다. 형식에 따라 불규칙하게 적용된다.
③ /남:+기+다/→[남기다], /울:+리+다/→[울리다]	③ 어간의 장모음이 피동 접사 앞에서 모음의 길이가 짧아진다.

◉ 자료에서 부호 (:)는 모음이 길게 실현된다는 것을 표시한다. 『표준국어대사전』에서는 부호 (:)로 모음이 길게 실현됨을 표시하고 있다. 예를 들면 다음과 같이 운소에 관한 정보를 제공한다 (눈-사람[눈:싸−]). 그러나 한국어 사용자는 /눈사람/을 정말로 다양한 모음의 길이로 발음하면서 의사소통을 하고 있다.

? 다음 자료에서 /ㄹ/ 탈락 현상을 찾아 보고 그 과정에 대하여 정리해 보자.

> ㄱ. 오늘은 노는 날이구나!
> ㄴ. 머지않은 날 또 만납시다.
> ㄷ. 아드님께서는 언제 오시나요?
> ㄹ. 우리 집 안방 문은 여닫이문이야!
> ㅁ. 바느질을 잘 하는구나!

? 다음 자료에서 /ㅎ/ 탈락 현상을 찾아 보고 그 과정에 대하여 정리해 보자.

> ㄱ. 오늘은 정말 많이 먹었는데요!
> ㄴ. 이 그림은 내가 제일 좋아하는 것이다.
> ㄷ. 신발이 이제는 다 닳았구나!
> ㄹ. 내가 싫어하는 음식!
> ㅁ. 이 옷이 좋아! 안 그러니?

? /ㅡ/ 탈락 현상에 대하여 다음 자료를 바탕으로 설명해 보자.

> ㄱ. /끄+어서/, /쓰+었고/, /트+어도/, /담그+았고/, /모으+아라/
> ㄴ. /가+은/, /끄+으면/, /내:+으니/, /되+으면/, /보+으니/

? 왜 /ㅡ/ 모음이 탈락하는지 설명해 보자.

? 다음에 제시하는 외래어가 어떻게 발음되는지 살펴 보고 표준 발음을 적어 보자.

⇒ Pikachu 피카츄, 피카추   churros 츄로스, 추로스
  Jura紀 쥬라기, 쥐라기   decision 디시젼, 디시전

17. 음운 첨가 현상과 규칙

◆ 한국 언어사회에서 음운 첨가添加 *addition, insertion, epenthesis* 는 빈도가 높은 형태소 또는 단어가 이어질 때 주로 나타나는 현상이다. 앞(15, 16)에서 살펴본 축약 현상이나 탈락 현상과는 달리, 언어 사용자가 기저형에 음운을 더하여 표면형을 생성한다. 음운 변동의 주된 원인으로 발음의 편의성과 경제성을 들 수 있는데, 여기에서 논의하는 음운 첨가 현상은 의미를 정확하게 전하기 위하여 활용하는 규칙이다. 언어 사용자는 의미를 쉽게 전달하고 인지할 수 있다는 점에서 편의성과 경제성을 생각한 것이다.

◆ 『표준국어대사전』에서는, 음운 첨가 현상 중에서도 다음과 같이 /ㄴ/ 첨가에 초점을 맞추고 있다. 그러나 실제 한국 언어사회에서 매우 폭넓게 첨가되는 음운은 자음 /ㅅ/이다. 한국 언어사회에서는 /ㅅ/ 첨가 현상이 음성언어 차원을 넘어서 문자언어 곧 한글 맞춤법까지 영향을 주고 있다. 곧 음운론 층위에서 논의하는 기저형과 표면형을 넘어서서 언어 규범까지 영향을 주기 때문에 음운 첨가는 표기법 정보와 함께 이해하여야 한다.

음운^첨가(音韻添加)『언어』

말소리를 낼 때에, 그 말의 원꼴과는 관계없는 음이 첨가되어 그 소리가 바뀌는 일. '밤일'이 '밤닐'로, '솜이불'이 '솜니불'로 발음되는 경우를 말한다.

◆ 한국 언어사회에서 /ㅅ/ 첨가 현상은 매우 다양한 자료에서 찾을 수 있다.

음운 첨가 현상과 규칙 : /ㅅ/ 첨가	
자료	변동 양상과 조건
① /내#가 → 냇가/ → [내:까/낻:까], /초#불 → 촛불/ → [초뿔/촏뿔], /코#등 → 콧등/ → [코뜽/콛뜽], /해#살 → 햇살/ → [해쌀/핻쌀]	① 합성명사를 생성할 때, 자음 /ㅅ/을 첨가하여 표면형에서 경음이 실현된다. /ㅅ/ 첨가 규칙은 표기에도 적용된다.
② /계:#날 → 곗날/ → [겐:날/겐:날], /내:#물 → 냇물/ → [낸:물], /배#놀이 → 뱃놀이/ → [밴노리], /이#몸 → 잇몸/ → [인몸]	② 합성명사를 생성할 때, 자음 /ㅅ/을 첨가하여 표면형에서 비음이 실현된다. /ㅅ/ 첨가 규칙은 표기에도 적용된다.
③ /그믐#달/ → [그믐딸], /눈#동:자/ → [눈똥자], /문#고리/ → [문꼬리], /산#새/ → [산쌔]	③ 합성명사를 생성할 때, 자음 /ㅅ/을 첨가하여 표면 음성 표시를 한다. 자음으로 끝나서 표기에는 /ㅅ/을 첨가하지 않는다.
④ /고기#배 → 고기배, 고깃배/ → [고기배/고긴빼](고기의 배, 고기 잡는 배)	④ /ㅅ/ 첨가 규칙이 적용된 자료와 적용되지 않은 자료의 의미가 각각 다르다.

⊙ 〈표〉에서 사용한 부호(#)는 단어 경계를 밝히기 위하여 언어학에서 사용하는 부호이다. 따라서 단어 안에 부호(#)가 있는 자료는 합성어임을 뜻한다. 한국 언어사회에서는 주로 합성명사를 생성할 때 음운 /ㅅ/을 첨가한다. 그 결과 한국 언어사회에서 잘 사용하지 않던 문자 {콧}이나 {릿}이 최근에는 자연스럽게 쓰이기도 한다(예 : {등굣길, 하굣길}, {소릿값}).

◆ /ㅅ/ 첨가 현상은 〈표〉에서 보는 바와 같이 표면형에서 경음(된소리)으로 실현된다. 앞(14)에서 살펴본 경음화 현상과 어떤 공통점이 있고 어떤 차이점이 있는지 비교해 보기로 한다.

분류	경음화 현상과 규칙	/ㅅ/ 첨가 현상과 규칙
공통점	뒤에 오는 형식의 첫소리가 경음으로 변동하는 공통점이 있다.	
음운	받침 /ㅂ, ㄷ, ㄱ/ 뒤에서 경음으로 바뀌는 현상으로 같은 음운 환경에서 보편적으로 일어나는 변동 현상이다.	음운 환경보다는 어휘 층위에서 일어나는 현상으로 예측하기 어려운 변동 현상이다.
적용 범위	용언 활용, 체언 곡용, 파생어, 합성어 생성 과정에 두루 적용된다.	합성명사 생성 과정에서만 적용된다.
자료	춥다→[춥따], 춥고→[춥꼬], 책과→[책꽈], 짓거리→[짇꺼리], 낮잠→[낟짬]	내가→[냇가[낻까]], 초불→[촛불[촏뿔]], 산새→[산쌔], 배놀이→[뱃놀이[→밴놀이]]

⊙ 〈표〉에서 보는 바와 같이 표기는 자음 /ㅅ/으로 하고 있지만 /ㅅ/은 음절 말에서 평파열음 /ㄷ/으로 실현된다. 그렇다면 왜 /ㄷ/ 첨가를 하지 않는가 하는 의문이 든다. 그 동기는 한글 맞춤법의 역사성과 관련지어 설명할 수 있다 : 표기상 /ㅅ/을 첨가하는 이유는 한국어 표기 역사 속에서 합성명사를 생성할 때 /ㅅ/을 적어 왔기 때문이다. 역사적으로 {냇과, 칫과} 등이 쓰인 시기도 있었지만 현재는 한자어로만 된 합성어는 /ㅅ/을 첨가하지 않고 {내과, 치과}로 적고 있다.

◆ 같은 환경이라도 /ㅅ/ 첨가가 일어나지 않는 합성어 자료가 있는데, 다음 〈표 ㄴ〉이 이에 해당한다.

ㄱ	ㄴ
산불, 모깃불	쥐불
강바람, 봄바람	비바람
봄비	눈비
손등	손발, 고래등
텃밭	논밭, 솔밭, 풀밭, 보리밭
물고기	불고기, 쇠고기, 돼지고기

⊙ 〈표 ㄱ〉의 자료는 기저 음운 표시에 /ㅅ/ 첨가 규칙이 적용되어 [산뿔/ 강빠람]과 같은 표면 음성 표시로 실현되지만, 〈표 ㄴ〉의 자료는 기저 음운 표시에 /ㅅ/ 첨가 규칙이 적용되지 않는다. 따라서 〈표 ㄴ〉에 있는 자료는 기저형과 표면형이 같다. 곧 음운 변동이 일어나지 않는 자료이다.

◆ /ㅅ/ 첨가 규칙의 적용 여부를 결정하는 것은 음운 환경이나 음운 조건과 같은 음운 정보가 아니다. /ㅅ/ 첨가는 의미 정보나 통사 정보가 더 중요하다. 예를 들면 대등적 합성어나 통사적 합성어를 생성하는 과정에서는 /ㅅ/ 첨가 규칙을 적용하지 않는다. 그러나 어휘 층위에서 예외가 많아서 규칙으로 설명하기는 어렵다(예 : 노랫말, 머리말). 정리하면, /ㅅ/ 첨가 현상은 단어 형성과 밀접한 관련이 있어서 음운론적 조건보다는 형태론적, 의미론적 조건에 따르는 경향이 있다. 따라서 개별 어휘 정보를 바탕으로 논의하는 것이 합리적이다.

◆ 한국 언어사회에서 /ㅅ/ 첨가 규칙이 적용된 자료와 적용되지 않은 자료를 비교해 보면 다음과 같다.

/내+가(명사)/	/내+가(조사)/	기저 음운 표시
내ㅅ가	＿＿＿＿	(/ㅅ/ 첨가)
내ㄷ가	＿＿＿＿	(평파열음화)
내ㄷ까	＿＿＿＿	(경음화)
[낻까]	[내가]	표면 음성 표시

⊙ 한국 언어사회에서는 /냇가/와 /내가/의 의미가 다르다. /냇가/는 냇물의 가장자리이고 /내가/는 일인칭 주어에 조사 /ㅣ/와 /가/

가 겹쳐서 결합한 형태이다. 그러나 북한어에서는 /ㅅ/ 첨가 규칙을 표기에 적용하지 않는다. 『표준국어대사전』 정보를 정리하면 다음과 같다 :

⇒ 냇-가[내:까/낻:까] 「명사」
   냇물의 가장자리.【<냇ᄀᆞ<남명>←냏+ㅅ+ᄀᆞᆺ】
⇒ 내가
   '냇가'의 북한어.

◆ 사전에서 제시한 바와 같이, 한국 언어사회에서 자음 /ㄴ/이 첨가되는 현상과 자료도 쉽게 찾을 수 있다. 예를 들면 다음과 같은 자료가 이 범주에 속한다.

음운 첨가 현상과 규칙 : /ㄴ/ 첨가	
자료	변동 양상과 조건
① /서른#여섯/ → [서른녀섣], /솜:#이불/ → [솜:니불], /한+여름/ → [한녀름] ② /물#약/ → [물략], /물#엿/ → [물렫], /불#여우/ → [불려우] /솔#잎/ → [솔립] ③ /옷 입다/ → [온닙따], /자는군요/ → [자는군뇨], /지난 여름/ → [지난녀름]	① 합성어나 파생어에서 앞말이 자음으로 끝나고, 뒷말의 첫 음절이 /ㅣ/나 [j]로 시작하는 경우, 뒷말의 초성 자리에 /ㄴ/이 첨가된다. ② 단어 사이에 첨가된 /ㄴ/은 앞말의 자음이 /ㄹ/일 때 /ㄹ/로 실현된다(유음화). ③ 휴지 없이 발음하는 단어나 구에서도 /ㄴ/ 첨가 현상이 일어난다.

음운 첨가 현상과 규칙 : /ㄴ/ 첨가	
자료	변동 양상과 조건
④ /소독#약/ → [소동냑], /식용+유/ → [시굥뉴], /신혼#여행/ → [신혼녀행], /영업+용/ → [영엄뇽]	④ 한자어에서도 /ㄴ/ 첨가 현상이 일 어난다.

◆ 〈표 ②〉에 제시한 자료는 다음과 같은 과정으로 설명할 수 있다 : 1단 계에서 기저형에 /ㄴ/ 첨가 규칙을 적용하고, 2단계에서 유음화 규칙을 적용한다. 그 결과, 표면 음성 표시에서는 /ㄴ/이 실현되지 않는다. 표면 형만 보면 /ㄹ/ 첨가 현상으로 설명할 수도 있지만, 한국 언어사회에서는 /ㄹ/ 첨가 현상보다 /ㄴ/ 첨가 현상으로 설명하는 것이 합리적이다. 그 이유는 한국 언어사회에서 1단계 /ㄴ/ 첨가 규칙이 적용된 표면형도 찾을 수 있고, 2단계 유음화 규칙을 적용한 표면형도 찾을 수 있기 때문이다. 한편 한국 언어사회에서 /ㄹ/을 첨가한 언어 현상이 없기 때문이기도 하다.

/물+약/	/솔+잎/	기저 음운 표시
물냑	솔닙	/ㄴ/ 첨가 규칙 적용
물략	솔립	유음화 규칙 적용
[물략]	[솔립]	표면 음성 표시
물약	솔잎	한글 표기

⊙ /ㄴ/ 첨가 현상은 방언이나 개인에 따라 또는 같은 사람이라도 말투에 따라 달리 나타난다.

◆ 한국 언어사회에서 /ㄴ/ 첨가 규칙은 다음과 같이 다양한 음운 변동과 함께 실현된다.

/꽃+잎/	/늦+여름/	기저 음운 표시
꼳입	늗여름	평파열음화 규칙 적용
꼳ㄴ입	늗ㄴ여름	/ㄴ/ 첨가 규칙 적용
꼰닙	늗녀름	비음화 규칙 적용
[꼰닙]	[는녀름]	표면 음성 표시
꽃잎	늦여름	한글 표기

◆ 지금까지 살펴본 자음 /ㅅ/과 /ㄴ/ 첨가 현상 외에도 수의적으로 일어나는 반모음 첨가 현상이 있다. 예를 들면 /뛰어라/→[뛰여라], /쉬어라/→[쉬여라], /가시오/→[가시요], /사:람+이오/→[사:라미오/사:라미요] 등이 이 범주에 속하지만 아직 한국 언어사회에서는 선택적으로 나타나기 때문에 규칙으로 설명하는 것이 적절하지는 않다. 또한 선택적인 반모음 첨가 현상은 표기에 반영하지 않는다.

◆ 지금까지 살펴본 자음, 모음 첨가와 함께 운소 /길이/ 첨가도 이 범주에서 논의할 수 있다. 모음이 길어지는 장모음화長母音化 현상으로, 앞(16)에서 살펴본 /길이/ 탈락과는 달리, /길이/를 첨가하는 현상이다.

사전에 따르면 기저형에서는 /−길이/가 표면형에서 [+길이]를 첨가하는
자료가 있는데 예를 들면 다음과 같다.

장모음화 : 모음과 함께 실현되는 기저형 운소 /−길이/가 표면형에서 [+길이]로 실현된다.	
자료	변동 양상과 조건
① /가+어서/ → [기어서/겨:서], /두+어라/ → [두어라/둬:라], /보+아서/ → [보아서/봐:서], /주+어서/ → [주어서/줘:서] 〈비교〉/지+어서/ → [져서] → [저서], 　　　/치+어서/ → [쳐서] → [처서]	① 어간과 어미에 있는 모음이 축약 될 때 어미의 모음이 길어진다. 〈비교〉같은 환경에서 어간 첫 자음이 경구개음일 때는 장모음 화가 일어나지 않는다.
② /개:+어/ → [개어/개:], /깨(破)+어/ → [깨어/깨:], /내:+었+고/ → [내얻꼬/낻:꼬], /매:+어라/ → [매어라/매:라]	② 어간 끝 모음 /ㅔ, ㅐ/ 뒤에서 어 미 첫 모음 /ㅓ/가 탈락할 때 어 간 끝 모음 /ㅔ, ㅐ/가 길어진다.

◆ 장모음화는 음운 축약이나 탈락 과정에서 보상 작용으로 일어나는
경향이 있다. 따라서 학계에서는 보상적 장모음화로 부르기도 한다. 한
국 언어사회에서 모음 탈락은 일반적으로 장모음화를 수반하지 않는다.
예를 들면 /ㅡ/ 탈락, 어미 첫 모음 /ㅏ, ㅓ/ 탈락 등에서는 표면형에서 장
모음화가 일어나지 않는다 : /끄+어서/ → [꺼서], /주+으면/ → [주면],
/가+아서/ → [가서].

음운 첨가	/ㅅ/		/ㄴ/
자료	/초#불→촛불/→ [초뿔/촏뿔] /눈#동:자/→ [눈똥자]	/내:#물→냇물/→ [낸물]→[낸:물] /배#놀이→뱃놀이/→ [밴노리]→[밴노리]	/눈#요기/→[눈뇨기] /나쁜 일/→[나쁜닐]
앞에 오는 언어 형식			
뒤에 오는 언어 형식			
변동 양상			
규칙 적용			

? 다음 자료를 통해서 같은 음운 환경에서도 /ㅅ/ 첨가 현상에 차이가 있음을 알아 보자.

ㄱ. 김밥[김ː밥] – 아침밥[아침빱]
ㄴ. 인사말[인사말], 머리말[머리말] – 요샛말[요샌말]
ㄷ. 호수(湖水)[호수] – 호수(戶數)[호ː쑤]
ㄹ. 대가(大家)[   ] – 대가(代價)[   ]
ㅁ. 시가(市街)[   ], 시가(媤家, 詩歌)[   ] – 시가(市價)[   ]

? 다음 자료를 대상으로 올바른 발음을 생각해 보고, 관련된 표준 발음법 규정을 찾아 정리해 보자.

ㄱ. 월요일[월료일/워료일], 금요일[금뇨일/그묘일]
ㄴ. 냇가[내ː까/낻ː까], 깃발[기빨/긷빨], 조갯국[조개꾹/조갣꾹]
ㄷ. 금융[금늉/그륭], 검열[검ː녈/거ː멸], 야금-야금[야금냐금/야그먀금]

? 다음과 같이 /ㅅ/을 첨가하는 단어를 찾아 정리해 보자.

ㄱ. 시금칫국, 북엇국, 뭇국, 우거짓국, _____
ㄴ. 최댓값, 최솟값, 결괏값, 절댓값, _____
ㄷ. 고양잇과, 갯과, 달팽잇과, _____

한국어 음운 변동 현상과 규칙

음운 변동	변동 규칙		자료
교체	평파열음화	/−평파열음/→[+평파열음]	/꽃/→[꼳] /숲/→[숩] /밖/→[박]
	비음화	/−비음/→[+비음]	/국문학/→[궁―] /앞−니/→[암―]
	유음화	/−유음/→[+유음]	/칼−날/→[−랄] /진리/→[질−]
	구개음화	/−경구개음/→[+경구개음]	/반−닫이/→[반:다지] /밭이/→[바치]
	경음화	/−경음/→[+경음]	/물−새/→[−쌔] /철−길/→[−낄]
축약	자음 축약	/자음+자음/→[자음]	/놓+고/→[노코] /법학/→[버팍]
	모음 축약	/모음+모음/→[이중 모음]	/보+아라/→[보아라]→[봐:라] /가꾸+어라/→[가꾸어라]→ [가꿔라]

한국어 음운 변동 현상과 규칙		
음운 변동	변동 규칙	자료
탈락	/ㄹ/ 탈락 /ㄹ/→[ø]	/놀+니, 는/→ [노니[노:-], 노는]
	/ㅎ/ 탈락 /ㅎ/→[ø]	/좋+아, 으니/→[조:아, 조:으니] /낳+아, 으니/→[나아, 나으니]
	자음군 단순화 /자음군/ →[자음]	/넋/→[넉] /여덟/→[여덜],
	/ㅡ/ 탈락 /ㅡ/→[ø]	/기쁘+어도/→[기뻐도] /모으+아라/→[모아라]
	같은 모음 탈락 /ㅏ, ㅓ/→[ø]	/가+아라/→[가라] /사+아라/→[사라]
	반모음 탈락 [j]→[ø]	/가지+어/→[가져]→[가저] /치+어라/→[쳐라]→[처라]
	/길이/ 탈락 /길이/→[ø]	/눈:#사:람/→[눈:싸람] /봄#눈:/→[봄눈]

한국어 음운 변동 현상과 규칙		
음운 변동	변동 규칙	자료
첨가	/ㅅ/ 첨가 /ø/→[ㅅ]	/내#가→냇가/→[내:까/낻:까] /초#불→촛불/→[초뿔/촏뿔]
	/ㄴ/ 첨가 /ø/→[ㄴ]	/한+여름/→[한녀름] /서른#여섯/→[서른녀섣]
	/길이/ 첨가 /ø/→[길이]	/기+어서/→[기어서/겨:서] /두+어라/→[두어라/둬:라]

4부
모음조화, 두음법칙

18 모음조화 현상과 규칙
19 두음법칙 현상과 규식

18. 모음조화 현상과 규칙

◆ 모음조화 母音調和 *vowel harmony* 현상은 음운 변동 현상이나 규칙이 아니다. 단어 또는 어휘소 형성이나 생성 과정에서 적용된 현상과 규칙이다. 따라서 모음조화 현상은 기저 음운 표시와 표면 음성 표시로 나누어 설명하거나 기저형과 표면형을 나누어 설명하지 않는다. 예를 들면 {보송보송, 푹신푹신, 고소하다, 구수하다} 등과 같은 자료에서 모음조화 현상을 찾을 수 있지만, 이와 같은 자료를 기저 음운과 표면 음성이 달라진 변동으로 설명할 수는 없다. 곧 기저형과 표면형을 나누어 논의하는 것이 적절하지 않다.

◆ 『표준국어대사전』에서는 모음조화에 대한 정보를 다음과 같이 제시하고 있다.

> **모음^조화**(母音調和) 『언어』
>
> 두 음절 이상의 단어에서, 뒤의 모음이 앞 모음의 영향으로 그와 가깝거나 같은 소리로 되는 언어 현상. 'ㅏ', 'ㅗ' 따위의 양성 모음은 양성 모음끼리, 'ㅓ', 'ㅜ' 따위의 음성 모음은 음성 모음끼리 어울리는 현상이다. '깎아', '숨어', '알록달

⊙ 현대 한국어에서는 양성 모음 /ㅏ, ㅗ/ 또는 음성 모음 /ㅓ, ㅜ/가
   어울려 만든 언어 형식이나 어휘소를 찾을 수 있다. 주로 소리나
   모양을 흉내 내는 흉내 표현, 느낌이나 감정을 표현하는 어휘 항
   목語彙項目 *lexical item*에서 쉽게 찾을 수 있다.

◆ 양성 모음과 음성 모음, 중성 모음에 대해서 『표준국어대사전』은 다음
과 같이 제시하고 있다.

양성^모음(陽性母音) 『언어』

어감(語感)이 밝고 산뜻한 모음. 'ㅏ', 'ㅗ', 'ㅑ', 'ㅛ', 'ㅘ', 'ㅚ', 'ㅐ' 따위가 있
다. ≒강모음 · 밝은홀소리 · 센홀소리 · 양모음.

음성^모음(陰性母音) 『언어』

어감(語感)이 어둡고 큰 모음. 'ㅓ', 'ㅜ', 'ㅕ', 'ㅠ', 'ㅔ', 'ㅞ', 'ㅟ', 'ㅞ' 따위가
있다. ≒약모음 · 어두운홀소리 · 여린홀소리.

중성^모음(中性母音) 『언어』

모음조화가 있는 언어에서 어떤 모음과도 잘 어울리는 모음. 우리말의 모음 'ㅣ'
따위이다. ≒중성 홀소리.

⊙ 용언의 활용에서는 어간의 끝음절 모음이 /ㅏ, ㅗ/일 때에는 어미를 /-아/로 적고, 그 밖의 모음일 때에는 /-어/로 적는다. /ㅏ, ㅗ/를 제외한 나머지는 음성 모음으로 대응되고 있다. 한글 맞춤법 제16항에 대한 해설은 다음과 같다.

(제16항) 해설

어간 끝 음절의 모음이 'ㅏ, ㅗ'(양성 모음)일 때는 어미를 '아' 계열로 적고, 'ㅐ, ㅓ, ㅚ, ㅜ, ㅟ, ㅡ, ㅢ, ㅣ'(음성 모음)일 때는 '어' 계열로 적는다. 이것은 전통적인 형식으로서의 모음조화(母音調和)의 규칙성에 따른 구별인데, 어미의 모음이 어간의 모음에 의해서 자동적으로 제약(制約)받는 현상이다. 현실적으로 모음조화의 파괴로 말미암아 (잡아→)[자버], (얇아→)[얄버]처럼 발음되는 경향이 있으나, 그것은 표준 형태로 인정되지 않는다.

어간 끝 음절의 모음	어미의 형태
ㅏ, ㅗ	-아(아라, 아서, 아도, 아야)(았, 았었)
ㅐ, ㅓ, ㅔ, ㅚ, ㅜ, ㅞ, ㅟ, ㅡ, ㅢ, ㅣ	-어(어라, 어서, 어도, 어야)(었, 었었)

◆ 이기문 외(2000 : 232)에서는 모음조화 현상을 다음과 같이 설명하고 있다 : "다음절어형 多音節語形에서 모음끼리 일정한 자질을 공유하는 순행 격음 동화 현상으로, 터키어 등의 알타이 제어나 헝가리어 등의 우랄 제어에 흔히 구개적 모음조화가 나타난다. 국어도 15세기 중엽에는 비교적 널리 모음조화가 지켜졌으나, 차차 사라져, 현대 국어에서는 의성 · 의태어의 일부 어미에 국한된 현상으로 남아 있다. '살+ᄋᆞ샤→사ᄅ

샤, 늘+아→ᄂᆞ라, 벗+어→버서, 닛어→니ᇫ어'는 어간과 어미, '나라ㅎ
+은→나라흔, 믈+은→므른'은 명사와 조사, 즉 두 형태소 사이에서 모
음조화가 일어난 경우이다."

◆ 이기문 외(2000 : 232)에 따르면, 15세기 중엽에는 모음조화가 비
교적 널리 잘 지켜진 것으로 보인다. 이와 같은 현상은 1545년에 간행
된 『불설대보부모은중경언해佛說大報父母恩重經諺解』를 해제한 김영
배(2013 : 250)에서도 찾을 수 있다 : "모음조화의 적용 여부를 알아보기
위한 방편으로 'ㅎ-' 용언의 활용형 'ᄒᆞ야 : ᄒᆞ여'의 표기를 대상으로 하
였는데, …(중략)… 'ᄒᆞ야 : ᄒᆞ여'의 표기 수는 총 31회인데 이 중 8회만이
모음조화를 어긴 것으로 나타났다." 그러나 현대 한국 언어사회에서는
모음조화를 어긴 /하여/만 쓰이고 있다.

◆ 현대 한국 언어사회에서 찾을 수 있는 모음조화 현상은 15세기 한국
어에서 적용한 모음조화와는 차이가 있다. 15세기에는 다음과 같은 모음
체계 속에서 모음조화 규칙이 적용되었다.

> ㄱ. 양성 모음 : ᆞ, ㅏ, ㅗ(-은, -ᄋᆞ사-, -ᄋᆞ로-)
> ㄴ. 음성 모음 : ㅡ, ㅓ, ㅜ(-은, -으사-, -으로-)
> ㄷ. 중성 모음 : ㅣ

◆ 한국 언어사회에서 모음조화 현상과 규칙이 점차 힘을 잃어가는 원인으로는, 여러 가지 통시적 원인이 작용하는데, 원인 중의 하나가 /ㆍ/의 소실이다. 학계에서는 양성 모음 /ㆍ/의 소실로 양성 모음 /ㆍ/와 음성 모음 /ㅡ/의 대응 체계가 무너진 것으로 본다. /ㆍ/의 발음이 소실되어 첫째 음절에서는 /ㅏ/로, 둘째 음절에서는 음성 모음 /ㅡ/로 변화하면서 모음조화 현상이나 규칙이 혼란스럽게 된 것으로 보고 있다.

◆ 〈표준어 규정〉 2장 제8항에서는 "양성 모음이 음성 모음으로 바뀌어 굳어진 다음 단어는 음성 모음 형태를 표준어로 삼는다."라는 원칙을 세우고 {깡충깡충, 발가송이, 오손도손}과 같이 모음조화를 바탕으로 생성된 단어를 버리고 {깡충깡충, 발가숭이, 오순도순}과 같이 모음조화를 어긴 단어를 표준어로 삼고 있다.

◆ 〈표준어 규정〉에서는 한국어 모음조화 현상에 대하여 다음과 같은 정보를 제공하고 있다 : "국어는 모음조화母音調和가 있는 것을 특징으로 하는 언어다. 그러나 모음조화 규칙은 후세로 오면서 많이 무너졌고, 현재에도 더 약해지고 있는 편이다. 이 규칙의 붕괴는 대체로 한쪽 양성 모음이 음성 모음으로 바뀌면서 나타난다."

◆ 한국 언어사회에서는, 흉내 표현과 색채어 등에서 모음조화 현상을 찾을 수 있다. 양성 모음은 어감이 밝고 가볍고 산뜻한 반면, 음성 모음은 어둡고 크고 무거운 느낌을 준다. 다음과 같은 자료가 이 범주에 속한다.

ㄱ. 매롱매애롱맴매롱〈매롱이 소리〉, 졸졸졸, 쪼로롱, 또로롱〈푸른 산 푸른 들〉, 또닥또닥, 칙칙폭촉〈소리는 새콤 글은 달콤〉, 야호야호 야하오〈산마루에서〉, 호로로롱〈봄바람 등을 타고〉, 살랑살랑〈봄바람〉, 도란도란, 쌍쌍이〈산새 발 자국〉

ㄴ. 하얗다-허옇다, 까맣다-꺼멓다, 노랗다-누렇다, 빨갛다-뻘겋다, 노릇노릇-누릇누릇, 까무잡잡하다-꺼무죽죽하다〈신현숙·김영란, 2012 : 204-206〉

◆ 모음조화 현상은 같은 부류의 모음끼리 서로 어울리는 음운 현상으로 현대 한국 언어사회에서는 다음과 같은 특징을 엿볼 수 있다. 첫째, /ㅏ, ㅗ/가 조화를 이루고, 나머지 단모음이 조화를 이루는 경향이 있다. 둘째 흉내 표현을 생성할 때 두루 적용하는 경향이 있다(예 : 삐쭉/빼쭉, 슬쩍/살짝, 꿈지럭/꼼지락, 울룩불룩/올록볼록). 셋째, 용언 어간 뒤에 /ㅏ/ 또는 /ㅓ/로 시작하는 어미가 결합할 때는 가능하면 모음조화 규칙을 지켜서 언어형식을 생성한다(예 : 막아/먹어, 보아/부어, 고와/더워). 그러나 실제 언어현실에서는 모음조화를 어기고 표면형에서 [잡어, 막어]로 실현되는 것을 쉽게 찾을 수 있다.

? 모음조화 규칙으로 설명할 수 있는 자료를 찾아 보자(예 : 호로록 :
후루룩, 고소한 : 구수한).

? 양성 모음조화를 인지할 수 있는 자료와 음성 모음조화를 인지할 수
있는 자료의 의미 차이를 적어 보자.

> ㄱ. 말랑카우 / 물렁팥죽
> ㄴ. 바람이 살랑살랑 분다. / 일을 설렁설렁 한다. / 슬렁슬렁 돌아다닌다.
> ㄷ. 졸졸 따라오는 강아지 / 국민 세금 '줄줄' / 전개를 질질 끄는 드라마
> ㄹ. 아빠와 함께 속닥속닥 / 자기네끼리 숙덕숙덕하더니

19. 두음법칙 현상과 규칙

◆ 두음법칙頭音法則 *first initial sound law*은, 한국 언어사회에서 한자 어*Sino-Korean word*에만 나타나는 현상과 규칙이다. 두음법칙은 한자 어 첫소리로 쓰이는 음운 중에서 특정 음운을 제한하는 규칙이다. 그러 나 이 현상과 규칙도 변동 규칙 범주에서 논의하지 않는다. 모음조화와 마찬가지로 한자어 생성 과정에서 적용되기 때문이다. 곧 한국어 사용 자는 '來日'의 기저형으로 /래+일/을 생성하고 표면형 [내일]로 발음하 는 것이 아니라, 두음법칙이 적용된 표면형 한자어 /내일/을 기저형으 로 인지하면서 곧 한 단어로 인지하고 있다.

◆ 현대 한국 언어사회에서는 외래어 또는 외국어 범주에 속하는 단어 사용이 급증하면서 두음법칙이 적용되지 않은 /ㄹ/로 시작하는 단어도 쉽게 찾아볼 수 있다. /ㄹ/이 첫소리로 쓰인 단어는 모두 외래어 범주에 속하고, 고유어 범주에 속하는 단어는 {리을} 하나인데 이때에도 두음법 칙은 적용되지 않는다. 따라서 두음법칙을 한국어의 특징적인 음운 정보 로 논의하기는 어려운 점이 있다.

◆『표준국어대사전』에서 제시한 두음법칙에 대한 정보는 다음과 같다.

두음^법칙(頭音法則)『언어』

일부 소리가 단어의 첫머리에 발음되는 것을 꺼려 다른 소리로 발음되는 일. 'ㅣ,
ㅑ, ㅕ, ㅛ, ㅠ' 앞에서의 'ㄹ'과 'ㄴ'이 'ㅇ'이 되고, 'ㅏ, ㅓ, ㅗ, ㅜ, ㅡ, ㅐ, ㅔ,
ㅚ' 앞의 'ㄹ'은 'ㄴ'으로 변하는 것 따위이다. ≒머리소리 법칙.

⊙ 현대 한국 언어사회에서는 한자어에서만 두음법칙 현상과 규칙을 찾을
수 있다. 한편 북한어에서는 한자어에서도 두음법칙을 찾을 수 없다.

◆ 두음법칙이 적용된 한자어와 적용되지 않은 한자어를 비교하면 다음
과 같다.

두음법칙이 적용된 한자어	같은 한자를 기반으로 한 한자어
낙원(樂園)	극락(極樂)
노인(老人)[노ː-]	초로(初老)
녹색(綠色)[-쌕]	신록(新綠)
노동(勞動)	근로-자(勤勞者)
내일(來日)	미래(未來)
이론(理論)	논리(論理)[놀-]
역사(歷史)[-싸]	경력(經歷)[-녁]
연년-생(年年生)	연년-생(年年生)
여자(女子)	남녀(男女)
염려(念慮)	기념(紀念/記念)

⊙ 〈표〉에 따르면, 두음법칙이 한자어 첫소리에 적용되기 때문에 같은 한자漢字 라도 자리에 따라서 다른 표면 음성과 표기로 실현됨을 알 수 있다. 곧 /ㄴ/:/ㄹ/, /Ø/:/ㄹ/, /Ø/:/ㄴ/과 같은 짝을 찾을 수 있다. 그러나 모든 한자어가 첫소리에서만 두음법칙이 적용되는 것은 아니다. 예를 들면 낙원樂園, 실낙원失樂園을 비교하면, 한자 락樂의 자리가 다른데도 두 단어 모두 두음법칙이 적용됨을 알 수 있다. 이처럼 두음법칙이 적용되지 않는 경우가 있는데, 이와 관련하여 어문 규정에서는 다음과 같은 한글 맞춤법 규정과 해설을 제공하고 있다.

제10항 한자음 '녀, 뇨, 뉴, 니'가 단어 첫머리에 올 적에는, 두음법칙에 따라 '여, 요, 유, 이'로 적는다. 다만, 다음과 같은 의존 명사에서는 '냐, 녀' 음을 인정한다.

냥(兩)   냥쭝(兩-)   년(年)(몇 년)

제11항 한자음 '랴, 려, 례, 료, 류, 리'가 단어의 첫머리에 올 적에는, 두음법칙에 따라 '야, 여, 예, 요, 유, 이'로 적는다. 다만, 다음과 같은 의존 명사는 본음대로 적는다.

리(里) : 몇 리냐?
리(理) : 그럴 리가 없다.

제12항 한자음 '라, 래, 로, 뢰, 루, 르'가 단어의 첫머리에 올 적에는, 두음법칙에 따라 '나, 내, 노, 뇌, 누, 느'로 적는다.

붙임 2. 접두사처럼 쓰이는 한자어 형태소가 결합하여 된 단어나, 두 개 단어가
결합하여 된 합성어(또는 이에 준하는 구조)의 경우, 뒤의 단어는 두음
법칙에 따라 적는다.

반-나체(半裸體)	실-낙원(失樂園)	중-노인(中老人)
육체-노동(肉體勞動)	부화-뇌동(附和雷同)	사상-누각(砂上樓閣)
평지-낙상(平地落傷)		

◆ 한국 언어사회에서는 인명에 쓰이는 한자의 경우에도 두음법칙을 적
용하여 한때 /ㄹ/ 성씨를 표기하지 못하게 하였다. 李(이/리)씨, 林(임/림)
씨, 柳(유/류)씨, 羅(나/라)씨 등이 대표적이다. 현재는 호적 법규의 예외
규정에 따라서 한자의 위치보다는 출생 신고인의 선택에 따라 첫소리를
본음대로 쓰거나 두음법칙이 적용된 것으로 쓸 수 있다.

◆ 한국 언어사회에서 고유어와 외래어 범주에 있는 단어에는 두음법칙
을 적용하지 않는다. 따라서 /ㄹ/과 /ㄴ/으로 시작하는 다음과 같은 단어
를 쉽게 찾을 수 있다. 그 결과 두음법칙 또한 모음조화와 마찬가지로 그
기능이 약화되고 있다. 특히 최근에는 한자어보다 외래어 범주가 확대되
면서 두음법칙의 적용 범위도 좁아지고 있다.

	고유어	리을
/ㄹ/	외래어	라디오 *radio*, 로봇 *robot*, 라일락 *lilac*, 로케트 *rocket*, 레이저 *laser*, 롤 *roll*, 리비아 *Libya*, 라식 *LASIK*, 레이스 *lace*, 랩 *rap*
/ㄴ/	고유어	나, 너, 나물, 니은, 녀석, 남비, 니글거리다, 노랗다, 낮다, 놀자, 나오다
	외래어	뉴스 *news*, 냅킨 *napkin*, 뉴턴 *newton*, 나사 *NASA*, 니켈 *nickel*, 노르웨이 *Norway*, 뉴질랜드 *New Zealand*

⊙ 〈표〉에서 보는 바와 같이, 두음법칙은 고유어와 외래어에는 적용되지 않기 때문에, 현대 한국 언어사회에서 일어나는 특징적인 음운 변동 현상으로 보기 어렵다.

◆ 한국 언어사회와는 달리 북한어에서는 두음법칙 현상과 규칙을 찾을 수 없다. 두 언어사회의 자료를 비교해 보면 다음과 같다.

한국 언어사회	북한 언어사회
낙원(樂園)	락원(樂園)
노인(老人)[노ː-]	로인(老人)
녹색(綠色)[-쌕]	록색(綠色)
논리(論理)[놀-]	론리(論理)
노동(勞動)	로동(勞動)

한국 언어사회	북한 언어사회
내일(來日)	래일(來日)
연년-생(年年生)	년년생(年年生)
역사(歷史)[-싸]	력사02(歷史)
여자(女子)	녀자(女子)
염려(念慮)	념려(念慮)

⊙ 자료에서 보는 바와 같이 북한 한자어에서는 /ㄹ/과 /ㄴ/이 첫소리
로 실현되었다. 이와 같은 차이는 북한 언어사회에서는 한자어 생
성에도 두음법칙을 적용하지 않기 때문이다.

? 두음법칙이 적용된 한자어를 찾아 보자.

? 두음법칙이 일어나는 원인을 생각해 보자.

5부
한국어 발음과 표기

20 한국어 표준 발음법
21 한글 맞춤법

20. 한국어 표준 발음법

◆ 한국인의 언어생활 규범으로 활용하고 있는 국립국어원 어문 규정에는 한글 맞춤법, 표준어 규정, 외래어 표기법, 외래어 표기 용례, 국어의 로마자 표기법, 띄어쓰기, 문장 부호의 이름과 용법 등이 포함되어 있다. 표준어 규정에서 표준 발음법에 관한 정보는 한국어 음운 정보를 구축하는 데 기반이 되는 정보이다. 표준 발음법은 총 30개 항으로 구성되어 있으며 필요한 항목에서는 [붙임]과 〈해설〉을 두어 구체적으로 설명하고 있다. 한편 항목에 따라서는 〈다만〉을 두어 예외로 실현되는 자료를 제시하고 있다. 표준 발음법 총칙 제1항에서는 다음과 같이 밝히고 있다 : "표준 발음법은 표준어의 실제 발음을 따르되, 국어의 전통성과 합리성을 고려하여 정함을 원칙으로 한다." 곧 한국어 표준 발음법은 한국 언어사회와 한국 언어 사용자의 언어 현실을 기반으로 한다는 근본 원칙에 '국어의 전통성과 합리성을 고려하여 정한다'는 조건이 붙어 있다.

◆ 표준 발음법은 표준어 규정에 포함되어 있다. 표준어 사정 원칙 제1장 제1항에서, "표준어는 교양 있는 사람들이 두루 쓰는 현대 서울말로 정함을 원칙으로 한다."라고 규정하고 있다. 곧 표준 발음법은 교양 있는

사람들이 두루 쓰는 현대 서울말의 발음을 기반으로 정하는 것이다. 그러나 표준어를 사용하는 언어 사용자가 똑같은 음운 정보를 가지고 언어생활을 하는 것이 아니므로 표준 발음을 정하는 것도 쉽지 않다.

◆ "국어의 전통성과 합리성을 고려하여 표준 발음을 정한다."는 조건을 함께 제시하고 있다. 예컨대 표준어 교육을 받은 젊은이들이 소리의 길이를 구별하지 못하고 /밤/→[밤][夜, 해가 져서 어두워진 때부터 다음 날 해가 떠서 밝아지기 전까지의 동안]과 /밤/→[밤ː][栗, 밤나무의 열매]을 똑같이 발음하기도 한다. 한편 장년층 이상에서는 소리의 길이를 인지하고 두 단어를 구별하여 발음한다. 이와 같은 경우에는 역사성과 전통성을 반영하여 /길이/를 표준 발음 규정에 포함시키는 것이다(제6항 참조).

◆ 한편 표준 발음을 정할 때는 합리성을 고려하여 정한다는 조건이 있다. 이것은 한글 맞춤법 규정에서 어법에 맞춘다는 것과 맞먹는 조건이다. 말하자면, 국어의 규칙이나 법칙에 따라서 표준 발음을 합리적으로 정한다는 뜻이다. 예컨대 긴소리를 가진 단음절單音節 용언 어간은 일부 예외를 제외하면 모음으로 시작된 어미와 결합할 때 짧게 발음한다. 이와 같은 현상은 규칙적이기 때문에 표준 발음법으로 정한다. 예를 들면, /알고/→[알ː고], /알아/→[아라]와 같이 /곱다/→[곱ː따], /고와/→[고와]를 표준 발음으로 정한다. 이러한 규정에 벗어나는 현상은 〈다만〉으로 규정하는데, 이는 실제 발음을 따르면서 어법상의 합리성을 고려한 것이다(제7항 참조).

◆ 표준어의 실제 발음을 따르되 합리성을 고려하여 표준 발음을 정하는 것이 쉽지는 않다. 예컨대, /맛있다/는 한국 언어사회에서 [마싣따]로 실현되는 현상을 쉽게 찾을 수 있지만, 두 단어 사이에서 받침 /ㅅ/이 [ㄷ]으로 실현되는 [마딛따]가 오히려 합리성을 지닌 발음이다. 이러한 경우에는 전통성과 합리성을 고려하여 [마딛따]를 원칙적으로 표준 발음으로 정하되, [마싣따]도 표준 발음으로 허용하기로 한 것이다(제15항 참조).

◆ 표준 발음법은 앞(08-19)에서 변동 현상과 규칙을 논의하면서 부분적으로 인용하였다. 그러나 어문 규정에서 "어문 규정은 국민의 어문 생활에 도움을 주고자 마련한 것입니다."라고 밝힌 것처럼 한국 언어사회와 한국어 사용자가 언어생활에 적극 활용할 수 있는 정보이기 때문에 표준 발음법 전체 항목을 옮겨 정리하기로 한다. 다음에 제시하는 내용은 국립국어원 홈페이지에 실린 어문 규정에서 표준어 규정 〉 제2부 표준 발음법에서 검색한 정보이다. 어문 규정은 언어 현실에 따라 개정이 가능하기 때문에 검색 일자를 밝히기로 한다.

◆ 〈표준 발음법〉 (2015년 1월 23일 검색)

⊙ 제1항 표준 발음법은 표준어의 실제 발음을 따르되, 국어의 전통성
과 합리성을 고려하여 정함을 원칙으로 한다.

⊙ 제2항 표준어의 자음은 다음 19개로 한다.
ㄱ ㄲ ㄴ ㄷ ㄸ ㄹ ㅁ ㅂ ㅃ ㅅ ㅆ ㅇ ㅈ ㅉ ㅊ ㅋ ㅌ ㅍ ㅎ

⊙ 자음의 발음을 위하여 전체적으로 분류하면 다음과 같다.

구분	입술소리	허끝소리	구개음	연구개음	목청소리
예사소리	ㅂ	ㄷ, ㅅ	ㅈ	ㄱ	ㅎ
거센소리	ㅍ	ㅌ	ㅊ	ㅋ	
된소리	ㅃ	ㄸ, ㅆ	ㅉ	ㄲ	
비음	ㅁ	ㄴ		ㅇ	
유음		ㄹ			

⊙ 제3항 표준어의 모음은 다음 21개로 한다.
ㅏ ㅐ ㅑ ㅒ ㅓ ㅔ ㅕ ㅖ ㅗ ㅘ ㅙ ㅚ ㅛ ㅜ ㅝ ㅞ ㅟ ㅠ ㅡ ㅢ ㅣ

⊙ 제4항 'ㅏ ㅐ ㅓ ㅔ ㅗ ㅚ ㅜ ㅟ ㅡ ㅣ'는 단모음單母音으로 발음한다.

[붙임] 'ㅚ, ㅟ'는 이중 모음으로 발음할 수 있다.

⊙ 한국어 모음 체계는 다음과 같이 정리할 수 있다.

구분	전설모음		후설모음	
	평순	원순	편순	원순
고모음	ㅣ	ㅟ	ㅡ	ㅜ
중모음	ㅔ	ㅚ	ㅓ	ㅗ
저모음	ㅐ		ㅏ	

⊙ 제5항 'ㅑ ㅒ ㅕ ㅖ ㅘ ㅙ ㅛ ㅝ ㅞ ㅠ ㅢ'는 이중 모음으로 발음한다.

다만 1. 용언의 활용형에 나타나는 '져, 쪄, 쳐'는 [저, 쩌, 처]로 발음한다.

가지어→가져[가저]　　찌어→쪄[쩌]　　다치어→다쳐[다처]

다만 2. '예, 례' 이외의 'ㅖ'는 [ㅔ]로도 발음한다.

계집[계ː집/게ː집]　　계시다[계ː시다/게ː시다]　　시계[시계/시게](時計)
연계[연계/연게](連繫)　메별[메별/메별](袂別)　　개폐[개폐/개페](開閉)
혜택[혜ː택/헤ː택](惠澤)　지혜[지혜/지헤](智慧)

다만 3. 자음을 첫소리로 가지고 있는 음절의 'ㅢ'는 [ㅣ]로 발음한다.

늴리리　닁큼　무늬　띄어쓰기　씌어　틔어　희어　희떱다　희망　유희

다만 4. 단어의 첫음절 이외의 '의'는 [ㅣ]로, 조사 '의'는 [ㅔ]로 발음함도 허용한다.

주의[주의/주이]　　　　　　　협의[혀븨/혀비]
우리의[우리의/우리에]　　　　강의의[강ː의의/강ː이에]

⊙ 제6항 모음의 장단을 구별하여 발음하되, 단어의 첫음절에서만 긴 소리가 나타나는 것을 원칙으로 한다.

(1) 눈보라[눈ː보라]　　말씨[말ː씨]　　밤나무[밤ː나무]　　많다[만ː타]
　　멀리[멀ː리]　　　벌리다[벌ː리다]

(2) 첫눈[천눈]　　　참말[참말]　　　쌍동밤[쌍동밤]　　　수많이[수:마니]
멀다[눈멀다]　　　떠벌리다[떠벌리다]

다만, 합성어의 경우에는 둘째 음절 이하에서도 분명한 긴소리를
인정한다.

반신반의[반:신 바:늬/ 반:신 바:니]　　　재삼재사[재:삼 재:사]

[붙임] 용언의 단음절 어간에 어미 '-아/ -어'가 결합되어 한 음절
로 축약되는 경우에도 긴소리로 발음한다.

보아→봐[봐:]　　　기어→겨[겨:]　　　되어→돼[돼:]
두어→둬[둬:]　　　하여→해[해:]

다만, '오아→와, 지어→져, 찌어→쪄, 치어→쳐' 등은 긴소리
로 발음하지 않는다.

⊙ 제7항 긴소리를 가진 음절이라도, 다음과 같은 경우에는 짧게 발음
한다.

1. 단음절인 용언 어간에 모음으로 시작된 어미가 결합되는 경우

감다[감ː따] — 감으니[가므니]　　밟다[밥ː따] — 밟으면[발브면]
신다[신ː따] — 신어[시너]　　　　알다[알ː다] — 알아[아라]

다만, 다음과 같은 경우에는 예외적이다.

끌다[끌ː다] — 끌어[끄ː러]　　　　떫다[떨ː따] — 떫은[떨ː븐]
벌다[벌ː다] — 벌어[버ː러]　　　　썰다[썰ː다] — 썰어[써ː러]
없다[업ː따] — 없으니[업ː쓰니]

2. 용언 어간에 피동, 사동의 접미사가 결합되는 경우

감다[감ː따] — 감기다[감기다]　　　꼬다[꼬ː다] — 꼬이다[꼬이다]
밟다[밥ː따] — 밟히다[발피다]

다만, 다음과 같은 경우에는 예외적이다.

끌리다[끌ː리다]　　　벌리다[벌ː리다]　　　없애다[업ː쌔다]

[붙임] 다음과 같은 복합어(학교문법 용어는 합성어)에서는 본디의 길이에 관계없이 짧게 발음한다.

밀−물	썰−물	쏜−살−같이	작은−아버지

⊙ 제8항 받침소리로는 'ㄱ, ㄴ, ㄷ, ㄹ, ㅁ, ㅂ, ㅇ'의 7개 자음만 발음한다.

⊙ 제9항 받침 'ㄲ, ㅋ', 'ㅅ, ㅆ, ㅈ, ㅊ, ㅌ', 'ㅍ'은 어말 또는 자음 앞에서 각각 대표음 [ㄱ, ㄷ, ㅂ]으로 발음한다.

닦다[닥따]	키읔[키윽]	키읔과[키윽꽈]	옷[옫]	웃다[욷:따]
있다[읻따]	젖[젇]	빚다[빋따]	꽃[꼳]	쫓다[쫃따]
솥[솓]	뱉다[밷:따]	앞[압]	덮다[덥따]	

⊙ 제10항 겹받침 'ㄳ', 'ㄵ', 'ㄼ, ㄽ, ㄾ', 'ㅄ'은 어말 또는 자음 앞에서 각각 [ㄱ, ㄴ, ㄹ, ㅂ]으로 발음한다.

넋[넉]	넋과[넉꽈]	앉다[안따]	여덟[여덜]	넓다[널따]
외곬[외골]	핥다[할따]	값[갑]	없다[업:따]	

다만, '밟-'은 자음 앞에서 [밥]으로 발음하고, '넓-'은 다음과 같은 경우에 [넙]으로 발음한다.

(1) 밟다[밥ː따]   밟소[밥ː쏘]   밟지[밥ː찌]
    밟는[밥ː는→밤ː는]   밟게[밥ː께]   밟고[밥ː꼬]
(2) 넓-죽하다[넙쭈카다]   넓-둥글다[넙뚱글다]

◉ 제11항 겹받침 'ㄺ, ㄻ, ㄿ'은 어말 또는 자음 앞에서 각각 [ㄱ, ㅁ, ㅂ]으로 발음한다.

닭[닥]   흙과[흑꽈]   맑다[막따]   늙지[늑찌]
삶[삼ː]   젊다[점ː따]   읊고[읍꼬]   읊다[읍따]

다만, 용언의 어간 말음 'ㄺ'은 'ㄱ' 앞에서 [ㄹ]로 발음한다.

맑게[말게]   묽고[물꼬]   얽거나[얼꺼나]

◉ 제12항 받침 'ㅎ'의 발음은 다음과 같다.

1. 'ㅎ(ㄶ, ㅀ)' 뒤에 'ㄱ, ㄷ, ㅈ'이 결합되는 경우에는, 뒤 음절 첫소리와 합쳐서 [ㅋ, ㅌ, ㅊ]으로 발음한다.

놓고[노코] 좋던[조ː턴] 쌓지[싸치] 많고[만ː코] 않던[안턴] 닳지[달치]

[붙임 1] 받침 'ㄱ (ㄹ), ㄷ, ㅂ (ㄹ), ㅈ (ㄵ)'이 뒤 음절 첫소리 'ㅎ'과 결합되는 경우에도, 역시 두 음을 합쳐서 [ㅋ, ㅌ, ㅍ, ㅊ]으로 발음한다.

각하[가카]　　먹히다[머키다]　　밝히다[발키다]　　맏형[마텽]
좁히다[조피다]　넓히다[널피다]　꽂히다[꼬치다]　앉히다[안치다]

[붙임 2] 규정에 따라 'ㄷ'으로 발음되는 'ㅅ, ㅈ, ㅊ, ㅌ'의 경우에도 이에 준한다.

옷 한 벌[오탄벌]　낮 한때[나탄때]　꽃 한 송이[꼬탄송이]　숱하다[수타다]

2. 'ㅎ (ㄶ, ㅀ)' 뒤에 'ㅅ'이 결합되는 경우에는, 'ㅅ'을 [ㅆ]으로 발음한다.

닿소[다쏘]　　　　　많소[만ː쏘]　　　　　싫소[실쏘]

3. 'ㅎ' 뒤에 'ㄴ'이 결합되는 경우에는, [ㄴ]으로 발음한다.

놓는[논는]　　　　　쌓네[싼네]

[붙임] 'ㄶ, ㅀ' 뒤에 'ㄴ'이 결합되는 경우에는, 'ㅎ'을 발음하지 않는다.

않네[안네]　　않는[안는]　　뚫네[뚫네→뚤레]　　뚫는[뚫는→뚤른]

4. 'ㅎ(ㄶ, ㅀ)' 뒤에 모음으로 시작된 어미나 접미사가 결합되는 경우에는, 'ㅎ'을 발음하지 않는다.

낳은[나은]　　　놓아[노아]　　쌓이다[싸이다]　　　많아[마ː나]
않은[아는]　　　닳아[다라]　　싫어도[시러도]

◉ 제13항 홑받침이나 쌍받침이 모음으로 시작된 조사나 어미, 접미사와 결합되는 경우에는, 제 음가대로 뒤 음절 첫소리로 옮겨 발음한다.

깎아[까까]　옷이[오시]　있어[이써]　낮이[나지]　꽂아[꼬자]
꽃을[꼬츨]　쫓아[쪼차]　밭에[바테]　앞으로[아프로]　덮이다[더피다]

◉ 제14항 겹받침이 모음으로 시작된 조사나 어미, 접미사와 결합되는 경우에는, 뒤엣것만을 뒤 음절 첫소리로 옮겨 발음한다(이 경우, 'ㅅ'은 된소리로 발음함).

넋이[넉씨]　앉아[안자]　닭을[달글]　젊어[절머]　곬이[골씨]
핥아[할타]　읊어[을퍼]　값을[갑쓸]　없어[업ː써]

◉ 제15항 받침 뒤에 모음 'ㅏ, ㅓ, ㅗ, ㅜ, ㅟ'들로 시작되는 실질 형태소가 연결되는 경우에는, 대표음으로 바꾸어서 뒤 음절 첫소리로 옮겨 발음한다.

밭 아래[바다래]	늪 앞[느밥]	맛없다[마덥따]
겉옷[거돋]	헛웃음[허두슴]	꽃 위[꼬뒤]

다만, '맛있다, 멋있다'는 [마싣따], [머싣따]로도 발음할 수 있다.

◉ 제16항 한글 자모의 이름은 그 받침소리를 연음하되, 'ㄷ, ㅈ, ㅊ, ㅋ, ㅌ, ㅍ, ㅎ'의 경우에는 특별히 다음과 같이 발음한다.

디귿이[디그시]	디귿을[디그슬]	디귿에[디그세]	지읒이[지으시]
지읒을[지으슬]	지읒에[지으세]	치읓이[치으시]	치읓을[치으슬]
치읓에[치으세]	키읔이[키으기]	키읔을[키으글]	키읔에[키으게]
티읕이[티으시]	티읕을[티으슬]	티읕에[티으세]	피읖이[피으비]
피읖을[피으블]	피읖에[피으베]	히읗이[히으시]	히읗을[히으슬]

◉ 제17항 받침 'ㄷ, ㅌ(ㄾ)'이 조사나 접미사의 모음 'ㅣ'와 결합되는 경우에는, [ㅈ, ㅊ]으로 바꾸어서 뒤 음절 첫소리로 옮겨 발음한다.

곧이듣다[고지듣따]	굳이[구지]	미닫이[미ː다지]	땀받이[땀바지]
밭이[바치]	벼훑이[벼훌치]		

[붙임] 'ㄷ' 뒤에 접미사 '히'가 결합되어 '티'를 이루는 것은 [치]로 발음한다.

> 굳히다[구치다]　　닫히다[다치다]　　묻히다[무치다]

⊙ 제18항 받침 'ㄱ(ㄲ, ㅋ, ㄳ, ㄺ), ㄷ(ㅅ, ㅆ, ㅈ, ㅊ, ㅌ, ㅎ), ㅂ(ㅍ, ㄼ, ㄿ, ㅄ)'은 'ㄴ, ㅁ' 앞에서 [ㅇ, ㄴ, ㅁ]으로 발음한다.

> 먹는[멍는]　국물[궁물]　깎는[깡는]　키읔만[키응만]　몫몫이[몽목씨]
> 긁는[긍는]　흙만[흥만]　닫는[단는]　짓는[잔ː는]　옷맵시[온맵씨]
> 있는[인는]　맞는[만는]　젖멍울[전멍울]　쫓는[쫀는]　꽃망울[꼰망울]
> 붙는[분는]　놓는[논는]　잡는[잠는]　밥물[밤물]　앞마당[암마당]
> 밟는[밤ː는]　읊는[음는]　없는[엄ː는]　값매다[감매다]

[붙임] 두 단어를 이어서 한 마디로 발음하는 경우에도 이와 같다.

> 책 넣는다[챙년는다]　　흙 말리다[흥말리다]　　옷 맞추다[온맏추다]
> 밥 먹는다[밤멍는다]　　값 매기다[감매기다]

⊙ 제19항 받침 'ㅁ, ㅇ' 뒤에 연결되는 'ㄹ'은 [ㄴ]으로 발음한다.

> 담력[담ː녁]　침략[침냑]　강릉[강능]　항로[항ː노]　대통령[대ː통녕]

[붙임] 받침 'ㄱ, ㅂ' 뒤에 연결되는 'ㄹ'도 [ㄴ]으로 발음한다.

막론[막논→망논] 백리[백니→뱅니] 협력[협녁→혐녁] 십리[십니→심니]

⊙ 제20항 'ㄴ'은 'ㄹ'의 앞이나 뒤에서 [ㄹ]로 발음한다.

(1) 난로[날ː로] 신라[실라] 천리[철리] 광한루[광ː할루] 대관령[대ː괄령]
(2) 칼날[칼랄] 물난리[물랄리] 줄넘기[줄럼끼] 할는지[할른지]

[붙임] 첫소리 'ㄴ'이 'ㅀ', 'ㄾ' 뒤에 연결되는 경우에도 이에 준한다.

닳는[달른] 뚫는[뚤른] 핥네[할레]

다만, 다음과 같은 단어는 'ㄹ'을 [ㄴ]으로 발음한다.

의견란[의ː견난] 임진란[임ː진난] 생산량[생산냥] 결단력[결딴녁]
공권력[공꿘녁] 동원령[동ː원녕] 상견례[상견녜] 횡단로[횡단노]
이원론[이ː원논] 입원료[이붠뇨] 구근류[구근뉴]

⊙ 제21항 위에서 지적한 이외의 자음동화는 인정하지 않는다.

감기[감ː기] (×[강ː기]) 옷감[옫깜] (×[옥깜]) 있고[읻꼬] (×[익꼬])
꽃길[꼳낄] (×[꼭낄]) 젖먹이[전머기] (×[점머기]) 문법[문뻡] (×[뭄뻡])
꽃밭[꼳빧] (×[꼽빧])

⊙ 제22항 다음과 같은 용언의 어미는 [어]로 발음함을 원칙으로 하
되, [여]로 발음함도 허용한다.

> 되어[되어/되여]　　　피어[피어/피여]

[붙임] '이오, 아니오'도 이에 준하여 [이요, 아니요]로 발음함을
허용한다.

⊙ 제23항 받침 'ㄱ(ㄲ, ㅋ, ㄳ, ㄺ), ㄷ(ㅅ, ㅆ, ㅈ, ㅊ, ㅌ), ㅂ(ㅍ, ㄼ,
ㄿ, ㅄ)' 뒤에 연결되는 'ㄱ, ㄷ, ㅂ, ㅅ, ㅈ'은 된소리로 발음한다.

> 국밥[국빱]　　　깎다[깍따]　　　넋받이[넉빠지]　　　삯돈[삭똔]
> 닭장[닥짱]　　　칡범[칙뻠]　　　뻗대다[뻗때다]　　　옷고름[옫꼬름]
> 있던[읻떤]　　　꽂고[꼳꼬]　　　꽃다발[꼳따발]　　　낯설다[낟썰다]
> 밭갈이[받까리]　　솥전[솓쩐]　　　곱돌[곱똘]　　　　덮개[덥깨]
> 옆집[엽찝]　　　넓죽하다[넙쭈카다]　읊조리다[읍쪼리다]　값지다[갑찌다]

⊙ 제24항 어간 받침 'ㄴ(ㄵ), ㅁ(ㄻ)' 뒤에 결합되는 어미의 첫소리
'ㄱ, ㄷ, ㅅ, ㅈ'은 된소리로 발음한다.

> 신고[신ː꼬]　　　껴안다[껴안따]　　　앉고[안꼬]　　　닭고[담ː꼬]
> 삼고[삼ː꼬]　　　더듬지[더듬찌]　　　엎다[언따]　　　젊지[점ː찌]

다만, 피동, 사동의 접미사 '-기-'는 된소리로 발음하지 않는다.

| 안기다 | 감기다 | 굶기다 | 옮기다 |

⊙ 제25항 어간 받침 'ㄼ, ㄾ' 뒤에 결합되는 어미의 첫소리 'ㄱ, ㄷ, ㅅ, ㅈ'은 된소리로 발음한다.

| 넓게[널께] | 핥다[할따] | 훑소[홀쏘] | 떫지[떨ː찌] |

⊙ 제26항 한자어에서, 'ㄹ' 받침 뒤에 연결되는 'ㄷ, ㅅ, ㅈ'은 된소리로 발음한다.

갈등[갈뜽]	발동[발똥]	절도[절또]	말살[말쌀]
불소[불쏘](弗素)	일시[일씨]	갈증[갈쯩]	물질[물찔]
발전[발쩐]	몰상식[몰쌍식]	불세출[불쎄출]	

다만, 같은 한자가 겹쳐진 단어의 경우에는 된소리로 발음하지 않는다.

| 허허실실[허허실실](虛虛實實) | 절절-하다[절절하다](切切──) |

◉ 제27항 관형사형 '-(으)ㄹ' 뒤에 연결되는 'ㄱ, ㄷ, ㅂ, ㅅ, ㅈ'은 된소리로 발음한다.

> 할 것을[할꺼슬]　갈 데가[갈떼가]　할 바를[할빠를]　　할 수는[할쑤는]
> 할 적에[할쩌게]　갈 곳[갈꼳]　　만날 사람[만날싸람]

다만, 끊어서 말할 적에는 예사소리로 발음한다.
[붙임] '-(으)ㄹ'로 시작되는 어미의 경우에도 이에 준한다.

> 할걸[할껄]　　　　할밖에[할빠께]　　할세라[할쎄라]　할수록[할쑤록]
> 할지라도[할찌라도]　할지언정[할찌언정]　할진대[할찐대]

◉ 제28항 표기상으로는 사이시옷이 없더라도, 관형격 기능을 지니는 사이시옷이 있어야 할(휴지가 성립되는) 합성어의 경우에는, 뒤 단어의 첫소리 'ㄱ, ㄷ, ㅂ, ㅅ, ㅈ'을 된소리로 발음한다.

> 문-고리[문꼬리]　　발-바닥[발빠닥]　　강-가[강까]
> 눈-동자[눈똥자]　　굴-속[굴ː쏙]　　　초승-달[초승딸]
> 신-바람[신빠람]　　술-잔[술짠]　　　　등-불[등뿔]
> 산-새[산쌔]　　　　바람-결[바람껼]　　창-살[창쌀]
> 손-재주[손째주]　　그믐-달[그믐딸]　　강-줄기[강쭐기]
> 길-가[길까]　　　　아침-밥[아침빱]
> 물-동이[물똥이]　　잠-자리[잠짜리]

⊙ 제29항 합성어 및 파생어에서, 앞 단어나 접두사의 끝이 자음이고 뒤 단어나 접미사의 첫음절이 '이, 야, 여, 요, 유'인 경우에는, 'ㄴ' 음을 첨가하여 [니, 냐, 녀, 뇨, 뉴]로 발음한다.

솜-이불[솜ː니불]	홑-이불[혼니불]	막-일[망닐]
삯-일[상닐]	맨-입[맨닙]	꽃-잎[꼰닙]
내복-약[내ː봉냑]	한-여름[한녀름]	남존-여비[남존녀비]
신-여성[신녀성]	색-연필[생년필]	직행-열차[지캥녈차]
늑막-염[능망념]	콩-엿[콩녇]	담-요[담ː뇨]
눈-요기[눈뇨기]	영업-용[영엄뇽]	식용-유[시굥뉴]
국민-윤리[궁민뉼리]	밤-윷[밤ː뉻]	

다만, 다음과 같은 말들은 'ㄴ' 음을 첨가하여 발음하되, 표기대로 발음할 수 있다.

이죽-이죽[이중니죽/이주기죽]	야금-야금[야금냐금/야그먀금]
검열[검ː녈/거ː멸] 욜랑-욜랑[욜랑뇰랑/욜랑욜랑]	금융[금늉/그융]

[붙임 1] 'ㄹ' 받침 뒤에 첨가되는 'ㄴ' 음은 [ㄹ]로 발음한다.

들-일[들ː릴]	솔-잎[솔립]	설-익다[설릭따]	물-약[물략]
불-여우[불려우]	서울-역[서울력]	물-엿[물렫]	휘발-유[휘발류]
유들-유들[유들류들]			

[붙임 2] 두 단어를 이어서 한 마디로 발음하는 경우에도 이에 준한다.

한 일[한닐]　　할 일[할릴]　　옷 입다[온닙따]　잘 입다[잘립따]
서른여섯[서른녀섣]　스물여섯[스물려섣]　3 연대[삼년대]　1 연대[일련대]
먹은 엿[머근녇]　먹을 엿[머글렫]

다만, 다음과 같은 단어에서는 'ㄴ(ㄹ)' 음을 첨가하여 발음하지 않는다.

6 · 25[유기오]　　3 · 1절[사밀쩔]　송별-연[송ː벼련]　등-용문[등용문]

◉ 제30항 사이시옷이 붙은 단어는 다음과 같이 발음한다.

1. 'ㄱ, ㄷ, ㅂ, ㅅ, ㅈ'으로 시작하는 단어 앞에 사이시옷이 올 때는 이들 자음만을 된소리로 발음하는 것을 원칙으로 하되, 사이시옷을 [ㄷ]으로 발음하는 것도 허용한다.

냇가[내ː까/낻ː까]　샛길[새ː낄/샏ː낄]　빨랫돌[빨래똘/빨랟똘]
콧등[코뜽/콛뜽]　깃발[기빨/긷빨]　대팻밥[대ː패빱/대ː팯빱]
햇살[해쌀/핻쌀]　뱃속[배쏙/밷쏙]　뱃전[배쩐/밷쩐]
고갯짓[고개찓/고갣찓]

2. 사이시옷 뒤에 'ㄴ, ㅁ'이 결합되는 경우에는 [ㄴ]으로 발음한다.

콧날[콛날→콘날]   아랫니[아랟니→아랜니]
툇마루[퇻ː마루→퇸ː마루]   뱃머리[밷머리→밴머리]

3. 사이시옷 뒤에 '이' 음이 결합되는 경우에는 [ㄴㄴ]으로 발음한다.

베갯잇[베갣닏→베갠닏]   깻잎[깯닙→깬닙]   나뭇잎[나묻닙→나문닙]
도리깻열[도리깯녈→도리깬녈]   뒷윷[뒫ː늋→뒨ː늋]

◆ 표준 발음법에서 규칙과 함께 제시한 자료는 한국어 음운 정보를 구축하는 데 적극 활용할 수 있는 자료이다. 특히 교육용 음운 정보를 구축하거나 학습용 음운 정보를 구축할 때 기초 자료로 활용할 수 있다.

◆ 어문 규정이나 표준 발음법이 원활한 의사소통을 위한 표준적인 정보이면서 국어 교육 및 한국어 교육을 위한 규범적인 정보임은 분명하다. 그러나 절대적인 정보나 불변의 정보는 아니다. 따라서 어문 규정이나 표준 발음법도 언어사회의 변화나 언어 사용자의 실제 언어생활을 적극 수용하고 반영하는 것이 필요하다.

21. 한글 맞춤법

◆ 한글 맞춤법은 한국인의 언어생활 특히 문자언어 생활을 반영하고 있는 언어 규범이다. 그러나 어떤 단어는 글자 그대로 발음하여도 자연스럽고 어떤 단어는 글자 그대로 발음하면 자연스럽지 않다. 따라서 음운 정보를 구축할 때 한글 맞춤법에 대한 정보도 참고할 수 있다.

◆ 한글 맞춤법도 국민의 어문 생활에 도움을 주고자 마련한 어문 규정에서 찾아 볼 수 있다. 한글 맞춤법은 "제1장 총칙, 제2장 자모, 제3장 소리에 관한 것, 제4장 형태에 관한 것, 제5장 띄어쓰기, 제6장 그 밖의 것, 부록"으로 구성되어 있다. 여기에서는 음운 정보 구축에 활용할 수 있는 제1장 총칙, 제2장 자모, 제3장 소리에 관한 정보만 정리하기로 한다.

◆ "한글 맞춤법은 표준어를 소리대로 적되, 어법에 맞도록 함을 원칙으로 한다(제1항)."에서 보는 바와 같이 한글 맞춤법과 음운 정보는 동전의 양면과 같다. 앞(3부)에서 음운 변동 규칙과 함께 기저 음운 표시와 표면 음성 표시를 논의하였다. 그 과정에서 사전의 표제어를 기저 음운 표시로 보았는데 그 의미는 한글로 표기된 형태이기도 하다. 표준어를 소리대로

적는다는 것은 표준어 발음 형태대로 적는다는 뜻이다. 맞춤법이란 주로 음소 문자音素文字에 의한 표기 방식을 이른다. 한글은 자음과 모음을 배열하여 구성하는 표음 문자表音文字이다. 따라서 자음과 모음을 결합하여 소리대로 표기하는 것이 근본 원칙이다. 예컨대 구름/ 나무/ 하늘/ 놀다/ 달리다 등은 기저 음운 표시와 표면 음성 표시가 다르지 않다. 따라서 표준어를 소리 나는 대로 적은 형식이다.

◆ 그러나 한글 맞춤법 제1항 해설에서도 밝힌 바와 같이, 한국 언어사회에는 표준어를 소리대로 적는다는 원칙만을 적용하기 어려운 현상이 있다. 예컨대 음운 변동 현상과 규칙은 이 원칙이 적용되지 않는다. 한글 맞춤법 제1항 해설에서는 다음과 같이 설명하고 있다 : "'꽃花'이란 단어는 [ ]에 제시한 바와 같이 표면 음성 표시가 다양하게 발음 형태가 몇 가지로 나타난다.

(1) [꼬츠]	(꽃이)[꼬치]	(꽃을)[꼬츨]	(꽃에)[꼬체]
(2) [꼰]	(꽃나무)[꼰나무]	(꽃놀이)[꼰노리]	(꽃망울)[꼰망울]
(3) [꼳]	(꽃과)[꼳꽈]	(꽃다발)[꼳따발]	(꽃밭)[꼳빧]

이것을 소리대로 적는다면, 그 뜻이 얼른 파악되지 않고, 따라서 독서의 능률이 크게 저하된다. 그리하여 어법에 맞도록 한다는 또 하나의 원칙이 붙은 것이다. 어법語法이란 언어 조직의 법칙, 또는 언어 운용의 법칙이라고 풀이된다. 어법에 맞도록 한다는 것은, 결국 뜻을 파악하기 쉽도록 하기 위하여 각 형태소의 본 모양을 밝히어 적는다는 말이다."

◆ 〈표〉에 제시한 자료는, 앞(3부)에서 논의한 음운 변동 규칙으로 설명할 수 있다. 곧 기저 음운 표시에 다른 음운 변동 규칙을 적용하여 표면 음성 표시로 실현되는 것으로 설명할 수 있다. 곧 한글 맞춤법에 관한 정보와 음운 정보, 또는 음운 변동 정보를 함께 고려한 정보 구축이 필요하다. "소리나는 대로 적는다"는 조건만 한글 맞춤법에 적용한다면, 기저 음운 표시와 표면 음성 표시를 따로 설정할 필요도 없고, 변동 규칙을 적용할 필요도 없다. 그러나, 언어 사용자가 인지하고 생성하는 말소리가 다르기 때문에 사전 표제어도 무한수로 확대될 것이고, 한국 언어사회에서 문자로 의사소통을 하는 데도 어려움이 있을 것이다. 따라서 우리는 한글 맞춤법에 대한 정보를 바탕으로 기저 음운과 표면 음성에 대한 정보를 구축하는 것이 합리적이라고 본다.

◆ 〈한글 맞춤법〉

제1장 총칙, 제2장 자모, 제3장 소리에 관한 것(2015년 1월 23일 검색)

◉ 제1항 한글 맞춤법은 표준어를 소리대로 적되, 어법에 맞도록 함을 원칙으로 한다.

◉ 제2항 문장의 각 단어는 띄어 씀을 원칙으로 한다.

◉ 제3항 외래어는 '외래어 표기법'에 따라 적는다.

◉ 제4항 한글 자모의 수는 스물넉 자로 하고, 그 순서와 이름은 다음과 같이 정한다.

ㄱ(기역)	ㄴ(니은)	ㄷ(디귿)	ㄹ(리을)	ㅁ(미음)	ㅂ(비읍)	ㅅ(시옷)
ㅇ(이응)	ㅈ(지읒)	ㅊ(치읓)	ㅋ(키읔)	ㅌ(티읕)	ㅍ(피읖)	ㅎ(히읗)
ㅏ(아)	ㅑ(야)	ㅓ(어)	ㅕ(여)	ㅗ(오)	ㅛ(요)	ㅜ(우)
ㅠ(유)	ㅡ(으)	ㅣ(이)				

[붙임 1] 위의 자모로써 적을 수 없는 소리는 두 개 이상의 자모를 어울러서 적되, 그 순서와 이름은 다음과 같이 정한다.

ㄲ(쌍기역)	ㄸ(쌍디귿)	ㅃ(쌍비읍)	ㅆ(쌍시옷)	ㅉ(쌍지읒)	ㅐ(애)	ㅒ(얘)
ㅔ(에)	ㅖ(예)	ㅘ(와)	ㅙ(왜)	ㅚ(외)	ㅝ(워)	ㅞ(웨)
ㅟ(위)	ㅢ(의)					

[붙임 2] 사전에 올릴 적의 자모 순서는 다음과 같이 정한다.

| 자음 | ㄱ ㄲ ㄴ ㄷ ㄸ ㄹ ㅁ ㅂ ㅃ ㅅ ㅆ ㅇ ㅈ ㅉ ㅊ ㅋ ㅌ ㅍ ㅎ |
| 모음 | ㅏ ㅐ ㅑ ㅒ ㅓ ㅔ ㅕ ㅖ ㅗ ㅘ ㅙ ㅚ ㅛ ㅜ ㅝ ㅞ ㅟ ㅠ ㅡ ㅢ ㅣ |

◉ 제5항 한 단어 안에서 뚜렷한 까닭 없이 나는 된소리는 다음 음절의 첫소리를 된소리로 적는다.

1. 두 모음 사이에서 나는 된소리

| 소쩍새 | 어깨 | 오빠 | 으뜸 | 아끼다 | 기쁘다 | 깨끗하다 |
| 어떠하다 | 해쓱하다 | 가끔 | 거꾸로 | 부썩 | 어찌 | 이따금 |

2. 'ㄴ, ㄹ, ㅁ, ㅇ' 받침 뒤에서 나는 된소리

| 산뜻하다 | 잔뜩 | 살짝 | 훨씬 | 담뿍 | 움찔 | 몽땅 | 엉뚱하다 |

다만, 'ㄱ, ㅂ' 받침 뒤에서 나는 된소리는, 같은 음절이나 비슷한 음절이 겹쳐 나는 경우가 아니면 된소리로 적지 아니한다.

| 국수 | 깍두기 | 딱지 | 색시 | 싹둑(~싹둑) | 법석 | 갑자기 | 몹시 |

⊙ 제6항 '⊏, ㅌ' 받침 뒤에 종속적 관계를 가진 '−이(−)'나 '−히−'
가 올 적에는, 그 '⊏, ㅌ'이 'ㅈ, ㅊ'으로 소리나더라도 '⊏, ㅌ'으
로 적는다(ㄱ을 취하고, ㄴ을 버림).

ㄱ	ㄴ	ㄱ	ㄴ
맏이	마지	핥이다	할치다
해돋이	해도지	걷히다	거치다
굳이	구지	닫히다	다치다
같이	가치	묻히다	무치다
끝이	끄치		

⊙ 제7항 '⊏' 소리로 나는 받침 중에서 '⊏'으로 적을 근거가 없는 것
은 'ㅅ'으로 적는다.

덧저고리	돗자리	엇셈	웃어른	핫옷	무릇	사뭇
얼핏	자칫하면	뭇[衆]	옛	첫	헛	

⊙ 제8항 '계, 례, 몌, 폐, 혜'의 'ㅖ'는 'ㅔ'로 소리나는 경우가 있더
라도 'ㅖ'로 적는다(ㄱ을 취하고, ㄴ을 버림).

ㄱ	ㄴ	ㄱ	ㄴ
계수(桂樹)	게수	혜택(惠澤)	헤택
사례(謝禮)	사레	계집	게집
연몌(連袂)	연메	핑계	핑게
폐품(廢品)	페품	계시다	게시다

다만, 다음 말은 본음대로 적는다.

| 게송(偈頌) | 게시판(揭示板) | 휴게실(休憩室) |

⊙ 제9항 '의'나, 자음을 첫소리로 가지고 있는 음절의 'ㅢ'는 'ㅣ'로 소리나는 경우가 있더라도 'ㅢ'로 적는다(ㄱ을 취하고, ㄴ을 버림).

ㄱ	ㄴ
의의(意義)	의이
본의(本義)	본이
무늬[紋]	무니
보늬	보니
오늬	오니
하늬바람	하니바람
늴리리	닐리리
닁큼	닝큼
띄어쓰기	띠어쓰기
씌어	씨어
틔어	티어
희망(希望)	히망
희다	히다
유희(遊戲)	유히

⦿ 제10항 한자음 '녀, 뇨, 뉴, 니'가 단어 첫머리에 올 적에는, 두음법칙에 따라 '여, 요, 유, 이'로 적는다(ㄱ을 취하고, ㄴ을 버림).

ㄱ	ㄴ	ㄱ	ㄴ
여자(女子)	녀자	유대(紐帶)	뉴대
연세(年歲)	년세	이토(泥土)	니토
요소(尿素)	뇨소	익명(匿名)	닉명

다만, 다음과 같은 의존 명사에서는 '냐, 녀' 음을 인정한다.

냥(兩)	냥쭝(兩-)	년(年)(몇 년)

[붙임 1] 단어의 첫머리 이외의 경우에는 본음대로 적는다.

남녀(男女)	당뇨(糖尿)	결뉴(結紐)	은닉(隱匿)

[붙임 2] 접두사처럼 쓰이는 한자가 붙어서 된 말이나 합성어에서, 뒷말의 첫소리가 'ㄴ' 소리로 나더라도 두음법칙에 따라 적는다.

신여성(新女性)	공염불(空念佛)	남존여비(男尊女卑)

[붙임 3] 둘 이상의 단어로 이루어진 고유 명사를 붙여 쓰는 경우에
도 붙임 2에 준하여 적는다.

한국여자대학	대한요소비료회사

◉ 제11항 한자음 '랴, 려, 례, 료, 류, 리'가 단어의 첫머리에 올 적에
는, 두음법칙에 따라 '야, 여, 예, 요, 유, 이'로 적는다(ㄱ을 취하
고, ㄴ을 버림).

ㄱ	ㄴ	ㄱ	ㄴ
양심(良心)	량심	용궁(龍宮)	룡궁
역사(歷史)	력사	유행(流行)	류행
예의(禮儀)	례의	이발(理髮)	리발

다만, 다음과 같은 의존 명사는 본음대로 적는다.

리(里) : 몇 리냐?	리(理) : 그럴 리가 없다.

[붙임 1] 단어의 첫머리 이외의 경우에는 본음대로 적는다.

개량(改良)	선량(善良)	수력(水力)	협력(協力)
사례(謝禮)	혼례(婚禮)	와룡(臥龍)	쌍룡(雙龍)
하류(下流)	급류(急流)	도리(道理)	진리(眞理)

다만, 모음이나 'ㄴ' 받침 뒤에 이어지는 '렬, 률'은 '열, 율'로 적는다(ㄱ을 취하고 ㄴ을 버림).

ㄱ	ㄴ
나열(羅列)	나렬
치열(齒列)	치렬
비열(卑劣)	비렬
분열(分裂)	분렬
선열(先烈)	선렬
진열(陳列)	진렬
규율(規律)	규률
비율(比率)	비률
실패율(失敗率)	실패률
선율(旋律)	선률
전율(戰慄)	전률

[붙임 2] 외자로 된 이름을 성에 붙여 쓸 경우에도 본음대로 적을 수 있다.

신립(申砬)	최린(崔麟)	채륜(蔡倫)	하륜(河崙)

[붙임 3] 준말에서 본음으로 소리나는 것은 본음대로 적는다.

국련(국제연합)	대한교련(대한교육연합회)

[붙임 4] 접두사처럼 쓰이는 한자가 붙어서 된 말이나 합성어에서, 뒷말의 첫소리가 'ㄴ' 또는 'ㄹ' 소리로 나더라도 두음법칙에 따라 적는다.

역이용(逆利用)   연이율(年利率)   열역학(熱力學)   해외여행(海外旅行)

[붙임 5] 둘 이상의 단어로 이루어진 고유 명사를 붙여 쓰는 경우나 십진법에 따라 쓰는 수(數)도 붙임 4에 준하여 적는다.

서울여관   신흥이발관   육천육백육십육(六千六百六十六)

◉ 제12항 한자음 '라, 래, 로, 뢰, 루, 르'가 단어의 첫머리에 올 적에는, 두음법칙에 따라 '나, 내, 노, 뇌, 누, 느'로 적는다(ㄱ을 취하고, ㄴ을 버림).

ㄱ	ㄴ	ㄱ	ㄴ
낙원(樂園)	락원	뇌성(雷聲)	뢰성
내일(來日)	래일	누각(樓閣)	루각
노인(老人)	로인	능묘(陵墓)	릉묘

[붙임 1] 단어의 첫머리 이외의 경우에는 본음대로 적는다.

쾌락(快樂)   극락(極樂)   거래(去來)   왕래(往來)   부로(父老)
연로(年老)   지뢰(地雷)   낙뢰(落雷)   고루(高樓)   광한루(廣寒樓)
동구릉(東九陵) 가정란(家庭欄)

[붙임 2] 접두사처럼 쓰이는 한자가 붙어서 된 단어는 뒷말을 두음
법칙에 따라 적는다.

내내월(來來月)   상노인(上老人)   중노동(重勞動)   비논리적(非論理的)

◉ 제13항 한 단어 안에서 같은 음절이나 비슷한 음절이 겹쳐 나는 부
분은 같은 글자로 적는다(ㄱ을 취하고, ㄴ을 버림).

ㄱ	ㄴ	ㄱ	ㄴ
딱딱	딱닥	꼿꼿하다	꼿곳하다
쌕쌕	쌕색	놀놀하다	놀롤하다
씩씩	씩식	눅눅하다	눙눅하다
똑딱똑딱	똑닥똑닥	밋밋하다	민밋하다
쓱싹쓱싹	쓱삭쓱삭	싹싹하다	싹삭하다
연연불망(戀戀不忘)	연련불망	쌉쌀하다	쌉살하다
유유상종(類類相從)	유류상종	씁쓸하다	씁슬하다
누누이(屢屢-)	누루이	짭짤하다	짭잘하다

강옥미(2003), 『한국어음운론』, 태학사.

국립국어원, 『표준국어대사전』.

──────, 『사전·국어지식』.

김영배(2013), 『국어사자료연구Ⅱ』, 동국대학교 출판부.

박기영(2014), "음절", 서울대학교 국어교육연구소 편, 『한국어교육학사전』, 도서출판 하우, 349~353쪽.

박종덕(2008), 『국어교육을 위한 국어음운학』, 도서출판 경진문화.

신현숙(2012), 「한국어 어문 규정에 실린 음성과 음운 정보」, 신현숙 외, 『한국어와 한국어 교육Ⅰ』, 푸른사상사, 193~235쪽.

신현숙·김영란(2012), 『의미와 의미 분석』, 푸른사상사.

이기문 외(2000), 『국어음운론』, 學研社.

이문규(2010), 『국어교육을 위한 현대 국어 음운론』, 한국문화사.

이진호(2009), 『국어 음운론 강의』, 삼경문화사.

이효정(2012), 「발음교육」, 신현숙 외, 『한국어와 한국어 교육Ⅱ』, 푸른사상사, 131~173쪽.

최정순(2014), "운율", 서울대학교 국어교육연구소 편, 『한국어교육학사전』, 도서출판 하우, 372~379쪽.

허 웅(1985), 『국어 음운학 : 우리말 소리의 오늘·어제』, 샘문화사.

David Crystal(1995), *The Cambridge Encyclopedia of English Language*, Cambridge University Press.

Elizabeth Zsiga(2006), "The sounds of language", *An Introduction to Language and Linguistics*, Ralph W. Fasold & Jeff Connor-Linton(eds)., Cambridge

University Press.

John Kinston (2007), "The phonetics-phonology interface", Paul de Lacy(ed.), *The Cambridge Handbook of Phonology*, Cambridge University Press, pp.401~434.

Kirsten Malmkjær (1995), *The Linguistics Encyclopedia*, Routledge.

Leonald Bloomfield (1933, 1976), *Language*, George Allen & Unwin Ltd.

Ricardo Bermúdez-Otero (2007), "The phonetics-phonology interface", Paul de Lacy (ed.), *The Cambridge Handbook of Phonology*, Cambridge University Press, pp.498~517.

Ronald W. Langacker (1972), *Fundamentals of Linguistic Analysis*, Harcourt Brace Jovanovich, Inc..

Victoria Fromkin, Robert Rodman (1974, 1993), *An Introduction to Language*, Harcourt Brace College Publishers.

국가암정보센터. http://www.cancer.go.kr

국제음성학회. https://www.internationalphoneticassociation.org/

위키백과. https://ko.wikipedia.org/

Wikipedia. https://www.wikipedia.org/

ㄱ

감탄문 49

강세 强勢 *stress* 41, 47, 48, 157

같은 모음 탈락 173

개구도 開口度 57, 58

개모음 57

거센소리 73, 134

격음 68, 73, 101, 137

격음화 99, 100, 134, 135, 136, 137

겹받침 120, 147, 201, 202, 204

경구개음 硬口蓋音 68, 70, 73, 101, 112, 122, 125

경구개 자음 155

경음 68, 73, 101

경음화 硬音化 *glottalization* 99, 100, 128, 129, 172

경음화 현상 163

경제성 161

고모음 56

고유 명사 222

고유어 117, 129, 136, 184, 187, 188

고저 49

고정부 固定部 *passive articulator* 68

공명성 90

공명음 共鳴音 67

공시적 108, 134, 146

공시적 음운 변동 共時的 音韻 變動 *synchronic phoneme fluctuation* 33, 86

공시적인 자료 118

교체 172

구강음 113

구개음화 口蓋音化 *palatalization* 99, 100, 122, 123, 124, 125, 126, 172

구음모음 *oral vowels* 58

구절 136, 137

구조주의 構造主義 *structuralism* 32, 88, 89

구조주의 음운론 33, 88

국가암정보센터 14
국어 어문 규정집 156
국어의 로마자 표기법 193
국제보조어 *international auxiliary language* 18
국제음성기호 國際音聲記號 *International Phonetic Alphabet* (IPA) 22, 23, 24
규칙 94, 95
기본모음 基本母音 *Cardinal Vowel* 25, 27, 59
기본모음 사각도 25, 58
기저 음운 150, 216
기저 음운 표시 基底 音韻 表示 79, 92, 94, 177, 214, 215, 216
기저형 79, 97, 138, 142, 147, 151, 153, 154, 157, 164, 167, 177, 184
길이 *length* 41, 156, 157, 158
/길이/ 157, 169
/길이/ 첨가 174
/길이/ 탈락 173
/+길이/ 158
[−길이] 158

ⓛ

/ㄴ/ 첨가 167, 174
/ㄴ/ 첨가 규칙 168
능동부 能動部 *active articulator* 68

ⓒ

단모음 44, 53, 56, 60, 138, 153
단모음화 短母音化 157, 158
단어 137
단어 경계 163
단어 층위 單語 層位 *word level* 49
단음절 單音節 194
단일어 125
담화 층위 談話 層位 *discourse level* 49
담화 현장 157
대등적 합성어 165
대중매체 大衆媒體 *mass media* 19
대치 代置 99
동화 同化 *assimilation* 123
동화 규칙 142
된소리 73
두산백과 58
두음법칙 頭音法則 *first initial sound law* 184, 185, 186, 187, 188, 221, 222, 224, 225
띄어쓰기 193

ⓡ

/ㄹ/ 첨가 167
/ㄹ/ 탈락 118, 119, 144, 146, 173
리듬 41

ㅁ

마찰음 73, 102, 104, 112

말소리 *speech sound, voice* 13, 44

명령문 46

명사 180

모음母音 *vowels* 40, 53, 54, 55, 56, 58, 75, 85, 90, 101, 123, 140, 151, 152, 158, 215, 218

모음 교체 현상 140

모음 사각도 58

모음조화母音調和 *vowel harmony* 177, 179, 180, 181, 182, 184, 187

모음 첨가 168

모음 체계 197

모음 축약 140, 172

모음 충돌 회피 현상 139

모음 탈락 142, 143

모음 /ㅏ, ㅓ/ 탈락 152

목청소리 71

몸짓언어 *body language* 18

문자언어 文字言語 *written language* 18, 95, 214

문장 부호 193

문장 층위 文章 層位 *sentence level* 49

문체 146

ㅂ

반개모음 57

반모음 半母音 *semivowel* 61, 62, 75, 90, 140, 153, 154, 155

반모음 [j] 탈락 155

반모음 첨가 168

반모음 탈락 154, 173

반폐모음 57

발동 기관 發動器官 15

발성 기관 發聲器官 15

발음 교육 22

발음 교정 22, 25

발음 표기 22

방언 124

변동 87

변동 조건 131

변별 자질 辨別資質 *distinctive feature* 90

변이음 變異音 *allophone* 44, 45

변화 87

변화 과정 135

보상 작용 169

보상적 장모음화 169

보편성 90

복합어 201

본음 223

북한어 166, 185, 188

분절음소 分節音素 *segmental phoneme* 41

『불설대보부모은중경언해 佛說大報父母

恩重經諺解』 180

비음 68, 72, 73, 90, 91, 111, 112, 116

비음모음 *nasal vowels* 58

비음 범주 144

비음화 鼻音化 *nasalization* 99, 100, 111,
   112, 113, 114, 123, 172

빈칸 *blank, slot* 94, 96, 138

⟨ㅅ⟩

/ㅅ/ 첨가 162, 165, 166, 174

/ㅅ/ 첨가 현상 163

사용 빈도 120, 152

사이시옷 212

사전 93

사지 상관속 四枝 相關束 102

사회방언 32

사회 통합 17, 19

3음절어 53

삼지 상관속 三枝 相關束 102

상관속 相關束 102

상관속 범주 144

상관쌍 相關雙 102

상관쌍 범주 144

상보적 분포 相補的 分布 *complementary
   distribution* 44, 45, 46

상황 157

색채어 182

생리음성학 *physiological phonetics* 29

생성 生成 *creation, formation, be created*
   13

생성음운론 生成音韻論 *generative
   phonology* 32, 33, 89, 90

생성이론 88, 90

설단음 舌端音 70

설측음 舌側音 68

성문음 聲門音 71

성절성 *syllabic* 90, 91

성조 聲調 *tone* 41, 42, 47, 48, 156

성취 기준 해설 37

센입천장소리 70

소리 *sound, voice* 13

소릿값 149

소리 막대 31

속도 41

순음 脣音 70

순행적 유음화 117

쌍받침 204

⟨ㅇ⟩

아메리칸 인디언어 32

양성 모음 178, 180, 181

양순음 兩脣音 68, 70, 73, 101, 112

어간 語幹 *stem* 136, 152, 180, 200

어문 규정 56, 68, 95, 96, 128, 157, 186,

193, 195, 213, 214

어미語尾 *ending* 136, 151, 152, 179, 208

어법 語法 214, 215

어휘 목록語彙目錄 *lexicon* 145

어휘 정보 165

어휘 층위 165

어휘 항목語彙項目 *lexical item* 118, 178

억양抑揚 *intonation, pitch* 41, 46, 47, 48, 49, 157

언어 기술 22

언어 능력 90

언어사회言語社會 *language society, language community* 13, 19, 35, 96

언어의 보편성 32

언어 측정 22

언어 현상 167

에스페란토 18

여린입천장소리 71

여백 96

역행적 유음화 117

연구개음軟口蓋音 68, 71, 73, 101, 112

연구개 파열음 109

연음 규칙 106, 108

연접連接 *pause* 47, 48

영 *zero* 표지 92

영어 43, 78

예사소리 73, 210

외국어 96, 184

외래어 114, 136, 184, 187, 188, 217

외래어 표기법 155, 156, 193

외래어 표기 용례 193

운소韻素 *prosodeme* 41, 46, 47, 48, 49, 90, 156, 157, 158

운소韻素 *prosodeme* 탈락 142, 143, 156

운소 /길이/ 첨가 168

운소 자질 47

운율韻律 *prosody* 47

운율 자질韻律資質 *prosodic features* 41, 47

원순모음 56

위키백과 23, 69

Wikipedia 16, 32, 59, 60, 75

유음 68, 72, 73, 90, 91, 112, 116, 143, 144, 145, 151

유음화流音化 *liquidization* 99, 100, 114, 116, 117, 118, 123, 172

유음화 규칙 167

/ㅡ/ 탈락 149, 150, 151, 173

음성音聲 *phone* 30, 39, 40

음성 모음 178, 179, 180, 181

음성언어音聲言語 *spoken language* 18, 95, 137

음성 표기 154

음성 표시 93

음성학音聲學 *phonetics* 28, 29, 30, 31, 39

음소 41

음소 문자 音素文字 215

음식물 통로 14
음운 音韻 *phoneme* 39, 40, 41, 43, 140
음운 교체 91, 99, 100
음운론 音韻論 *phonology* 28, 29, 32, 34, 35, 36, 39, 114
음운 변동 88, 91, 96, 172, 215, 216
음운 변화 88
음운 정보 165
음운 첨가 添加 *addition, insertion, epenthesis* 92, 161, 166
음운 축약 縮約 *contraction* 91, 133, 169
음운 탈락 脫落 *deletion* 92, 142, 143, 156
음운 표시 93
음운 환경 96, 131, 165
음절 音節 *syllable* 75, 76, 78, 79, 220, 225
음절 경계 106
음절 경계 정보 79
음절 말 끝소리 규칙 105
음절 말 끝소리 현상 105
음절 탈락 142, 143
음향음성학 音響音聲學 *acoustic phonetics* 29
의문문 46, 49
의미 정보 165
의존 명사 221, 222
/ㅣ/ 모음 역행 동화 101
이음 異音 46
2음질이 53
이중 모음 44, 53, 56, 60, 62, 138, 153, 155
2015 개정 교육과정 37
인공언어 人工言語 *artificial language* 18, 95
인공지능 人工知能 *artificial intelligence* (AI) 16, 35
인명 187
1음절어 53
입술소리 70
잇몸소리 70

ㅈ

자립 형태소 125
자연언어 自然言語 *natural language* 18, 94, 120, 149
자음 子音 *consonants* 43, 54, 55, 67, 70, 75, 85, 90, 101, 123, 136, 196, 215
자음군 120, 137, 147, 148, 149
자음군 단순화 子音群單純化 120, 148, 149, 173
자음동화 207
자음성 *consonantal* 90, 91, 136
자음 체계 143
자음 축약 135, 172
자음 탈락 142, 143
자질 資質 *feature* 89
상난 長短 *length* 48, 49, 198

장모음화長母音化 168, 169

장애음 90, 104

저모음 56

전설모음 56, 59, 144

전통성 194

접두사 211, 224, 225

접미사 211

정지음 71

제1 기본모음 *Primary cardinal vowels* 25, 26

제2 기본모음 *Secondary cardinal vowels* 25

조사 180

조음 기관調音器官 15

조음 방법調音方法 *manner of articulation* 67, 73

조음 위치調音位置 *place of articulation* 67, 73, 108

조음 위치 동화 101

조음음성학調音音聲學 *articulatory phonetics* 29

종성 79

주모음主母音 61

준말 223

중국어 42

중모음 56

중설모음 57

중성 79

중성 모음 178, 180

중화 106

지역 방언 32, 43

ㅊ

첨가 174

청음음성학 *auditory phonetics* 30

청취음성학聽取音聲學 *auditory phonetics* 29

체언과 조사 136

초분절음 49

초분절음소超分節音素 *suprasegmental phoneme* 41

초성 79

최소 대립쌍最小對立雙 *minimal pair* 42, 43

최소 변별쌍最小辨別雙 42

축약 138, 139, 154, 172

축약 규칙 154

축약 현상 136, 161

치경음齒莖音 70

치음 109

치조음齒槽音 68, 70, 73, 101, 109, 112, 122

ㅋ

콧소리 73

ㅌ

탈락 143, 144, 145, 154, 169, 173
탈락 규칙 142, 152, 154
탈락 현상 161
통사적 합성어 165
통사 정보 165
통시적 109, 125, 134, 146, 155
통시적 음운 변화 通時的 音韻 變化
    diachronic sound change 33, 85
통시적인 자료 118

ㅍ

파생어 119, 136, 211
파열음 71, 73, 101, 104, 112
파찰음 72, 73, 102, 104, 112
편의성 161
평마찰음 137
평서문 46
평순모음 56
평음 68, 73, 101, 104
평파열음 164
평파열음화 平破裂音化 99, 100, 104,
    105, 106, 108, 120, 123, 137, 172
평파열음화 규칙 137
폐모음 57
폐쇄음 71

포먼트 31
표기법 140, 155, 161
표면 음성 150, 216
표면 음성 표시 表面 音聲 表示 79, 92,
    94, 167, 177, 214, 215, 216
표면형 79, 93, 97, 138, 142, 147, 151,
    153, 163, 164, 177, 184
표음 문자 表音文字 215
표제어 93, 112, 214
『표준국어대사전』 25, 30, 34, 46, 47,
    53, 62, 68, 70, 75, 93, 100, 101,
    106, 111, 112, 116, 117, 122, 124,
    129, 131, 134, 156, 161, 166, 177,
    178, 185
표준 발음 114, 194, 195
표준 발음법 64, 107, 128, 155, 193, 194,
    195, 196, 213
표준어 196, 214, 215
표준어 규정 181, 193

ㅎ

/ㅎ/ 탈락 147, 173
하게체 146
학습 요소 37
한국어 사용자 韓國語 使用者 *Korean*
    language user 19, 95
한국어 학습자 韓國語 學習者 *Korean*

language learner 17, 19, 95

한글 18, 75, 215

한글 맞춤법 179, 186, 193, 194, 214, 215, 216, 217

한글 자모 205, 217

한자漢字 186, 187, 209, 225

한자어 *Sino-Korean word* 114, 117, 136, 184, 185, 187, 189, 209

한자음 224

합리성 194

합성명사 163, 164

합성어 119, 125, 126, 136, 164, 211, 224

혀끝소리 70

현상 94, 95

형태소 180

호흡 통로 14

홀소리 53

홑받침 204

후두음喉頭音 71

후설모음 56, 59, 144

후음喉音 68, 71, 73, 101, 112, 136, 143, 144

휴지休止 *pause* 41, 137

흉내 표현 178, 182

흐름소리 73

인명

강옥미 76, 87, 89

김영배 180

박기영 77

박종덕 49, 53, 62, 86

배정미 82

신현숙 56, 81

신현숙·김영란 182

이기문 외 29, 86, 179, 180

이문규 76, 77, 87, 90

이진호 49, 75, 86

이효정 55

허웅 89

A. J. Ellis 22

Daniel Jones 22, 27

David Crystal 27, 29, 34, 47, 57, 62, 78, 82

Elizabeth Zsiga 142, 157

Henry Sweet 22

Kirsten Malmkjǽar 26

L. L. Zamenhof 18

Leonald Bloomfield 28

Otto Jespersen 22

Paul Passy 22, 27

Ricardo Bermúdez-Otero 32

Robert Rodman 29, 93

Ronald W. Langacker 92, 93

Victoria Fromkin 29, 93

한국어 음운 정보 — 현상과 규칙

초판 인쇄 · 2016년 2월 20일
초판 발행 · 2016년 2월 28일

엮은이 · 신현숙
펴낸이 · 한봉숙
펴낸곳 · 푸른사상사

편집 · 지순이, 김선도 | 교정 · 김수란
등록 · 1999년 7월 8일 제2-2876호
주소 · 서울시 중구 충무로 29(초동) 아시아미디어타워 502호
대표전화 · 02) 2268-8706~7 | 팩시밀리 · 02) 2268-8708
이메일 · prun21c@hanmail.net
홈페이지 · http://www.prun21c.com

ⓒ 신현숙, 2016
ISBN 979-11-308-0609-9 93710
값 17,000원

이 도서의 국립중앙도서관 출판예정도서목록(CIP)은 서지정보유통지원시스템
홈페이지(http://seoji.nl.go.kr)와 국가자료공동목록시스템(http://www.nl.go.kr/
kolisnet)에서 이용하실 수 있습니다.(CIP제어번호: CIP2016004386)

◉ 이 도서는 2014학년도 상명대학교 교내연구비 수혜 지서입니다.

한국어 특강 **4**

한국어
음운 정보

현상과 규칙

한국어 특강 **4**

한국어
음운 정보

현상과 규칙